Le Comte de Monte-Cristo

Alexandre Dumas

TOME 2 : La vengeance

Adaptation : Vincent Leroger

CD audio

Durée : 2 h 25

Format MP3 : Les MP3 s'écoutent sur l'ordinateur, sur les baladeurs, les autoradios, les lecteurs CD et DVD fabriqués depuis 2004.

Enregistrements : Quali'sons

Comédien : Philippe Sollier

Piste 1	*Résumé*
Piste 2	*Chapitre 1*
Piste 3	*Chapitre 2*
Piste 4	*Chapitre 3*
Piste 5	*Chapitre 4*
Piste 6	*Chapitre 5*
Piste 7	*Chapitre 6*
Piste 8	*Chapitre 7*
Piste 9	*Chapitre 8*
Piste 10	*Chapitre 9*

Rédaction du dossier pédagogique : Bernadette Bazelle-Shahmaei

Édition : Christine Delormeau

Maquette et illustration de couverture : Nicolas Piroux (pistolet : © onsuda - Shutterstock.com ; chapeau : Reinhold Leitner - Shutterstock.com)

Maquette intérieure : Sophie Fournier-Villiot (Amarante)

Mise en pages : Atelier des 2 Ormeaux

Illustrations : Jérôme Pelissier

Pour Hachette Éducation, le principe est d'utiliser des papiers composés de fibres naturelles, renouvelables, recyclables, fabriquées à partir de bois issus de forêts qui adoptent un système d'aménagement durable.
En outre, Hachette Éducation attend de ses fournisseurs de papier qu'ils s'inscrivent dans une démarche de certification environnementale reconnue.

ISBN : 978-2-01-155969-2

SOMMAIRE

L'œuvre

Activités

Fiches

Résumé du tome 1

En 1815, à Marseille, le jeune marin Edmond Dantès va se marier avec la belle Mercédès. Mais le jour de son mariage, il est arrêté et enfermé au château d'If. Là, il rencontre un très vieux prisonnier, l'abbé Faria, qui lui explique les raisons de son malheur. Edmond Dantès a été victime de trois de ses amis jaloux de son bonheur : Danglars qui voulait devenir capitaine à sa place ; Fernand qui était amoureux de Mercédès ; Caderousse qui était le voisin du père d'Edmond. Le jour où les deux autres ont décidé de faire un mauvais coup à Edmond Dantès, Caderousse avait bu trop de vin. Il a laissé les deux méchants agir.

Ils ont envoyé une lettre au procureur de Marseille, M. de Villefort, pour dire que Dantès était un ami de Napoléon. Or, M. de Villefort s'appelle en réalité Noirtier de Villefort. Son père, Noirtier, essaie de faire revenir Napoléon en France. Villefort, ami du roi, cache son père car il veut devenir un personnage important. Il croit que Dantès connaît son père et il décide de le faire disparaître. Un seul homme, Morrel, propriétaire du bateau où Dantès était marin, a cherché par tous les moyens à faire sortir le jeune homme de sa prison. Il n'a pas réussi, mais Dantès ne l'oubliera jamais.

Les quatre personnages, qui ont fait le malheur du jeune marin, l'ont oublié. Vingt ans après, Danglars est devenu un riche banquier. Fernand se fait appeler le comte de Morcerf, il a épousé Mercédès et il est devenu un homme politique important. Caderousse n'a pas eu de chance. Il est en prison après avoir assassiné un bijoutier. Villefort est procureur du roi à Paris. Pendant ce temps, Dantès a réussi à s'enfuir du château d'If. Devenu très riche grâce au trésor de l'abbé Faria, Dantès, qui s'appelle maintenant le comte de Monte-Cristo, vient à Paris. L'heure de la vengeance est arrivée.

CHAPITRE 1

Les lions de Paris

Le 21 mai 1838, après quelques mois de voyage en Italie, le jeune vicomte Albert de Morcerf, pour fêter son retour à Paris, a invité quelques amis à déjeuner dans la petite maison que sa mère lui a offerte, au fond du parc de son palais. Ce sont tous des jeunes gens de la plus haute société parisienne : on les appelle les « lions ». Voici Lucien Debray, le secrétaire du ministre de la Police. On dit qu'il est l'amant de la femme du banquier Danglars. Entre maintenant un journaliste dont tout Paris a peur, Beauchamp. Arrive enfin le duc de Château-Renaud. Ce fils d'une des plus vieilles familles de France a fait la guerre un an en Algérie. Mais il ne vient pas seul au déjeuner d'Albert.

– Je vous présente Maximilien Morrel, dit-il en montrant le lieutenant qui l'accompagne. Maximilien est plus qu'un ami, c'est un frère. Il m'a sauvé la vie, au Sahara[1].

– Nous avons tout le temps de nous raconter nos aventures, répond Albert.

– Eh bien, mon cher Albert, dit Beauchamp, on dit que vous allez vous marier ?

– Hélas oui, répond Albert. La belle vie est finie ! Mon père veut que j'épouse Eugénie Danglars.

– La fille du banquier ? dit Debray. Ma foi, la belle histoire d'amour ! Son père lui donnera bien un million de francs pour dot.

---

1 Sahara : désert au sud de l'Algérie.

– Il n'y a pas d'amour là-dedans. Eugénie se croit une grande chanteuse. Elle n'aime que l'opéra...

– Tant mieux pour toi ! dit Beauchamp. Quand ta future femme chantera à la Scala[2] de Milan, toi, tu pourras continuer à vivre comme avant. Tu n'auras qu'une moitié de femme, mais deux beaux-pères : le baron Danglars et... notre ami Debray.

– Ce n'est pas drôle, dit Debray. Quand déjeunons-nous ? Je dois être au ministère très tôt.

– Nous passerons à table dans un quart d'heure, répond Albert. J'attends un dernier invité, le comte de Monte-Cristo.

– Je ne connais pas ce nom-là, dit Château-Renaud.

– Vous n'êtes pas le seul, mon cher, répond Albert. Mais bientôt tout Paris ne parlera que de lui. C'est l'homme le plus riche et le plus étrange que j'aie rencontré. J'étais à Rome avec un ami, en février, pour le carnaval. À l'hôtel de Londres, le seul endroit où peut aller un Morcerf, pas une chambre de libre ! Un homme très élégant est venu me voir et m'a dit : « Je peux vous aider, monsieur de Morcerf. J'occupe un étage entier. Je vous en offre la moitié. » C'était le comte de Monte-Cristo. Il nous a invités à dîner. Le comte était avec une princesse grecque très belle. Après ce dîner, je suis allé danser dans les rues. Une fille charmante, cachée derrière un masque[3], m'a alors entraîné dans une danse. Soudain, des hommes m'ont pris par les bras et m'ont enlevé dans une voiture. J'étais prisonnier des bandits romains.

– Allons, il n'y a plus de bandits à Rome, dit Beauchamp. Ce sont des histoires de romancier.

– ... ou de journaliste, dit Debray.

– Je ne mens jamais, répond Albert. Ce bandit qui m'avait enlevé s'appelait Vampa. C'était le plus dangereux de tous. Il

2 Scala : théâtre italien où sont joués les grands opéras.
3 Masque : objet en forme de visage derrière lequel on se cache.

réclamait une rançon de vingt mille francs pour le lendemain matin à six heures. Sinon, il me tuait. Le matin, à six heures, au moment où Vampa allait me tuer, le comte de Monte-Cristo est arrivé chez les bandits. Il a dit à Vampa de me rendre la liberté sans me prendre un centime. Comme je voulais le remercier, Monte-Cristo m'a seulement demandé de lui servir de guide quand il viendrait à Paris. Nous avons rendez-vous aujourd'hui à dix heures et demie.

– Ton comte de Monte-Cristo est donc le roi des bandits romains, dit Château-Renaud.

– Mon histoire n'est pas finie ! Le lendemain, j'ai revu la jolie Italienne qui m'avait fait danser. C'était la sœur du bandit Vampa. Elle m'a raconté ce qu'elle savait sur Monte-Cristo. Il avait sauvé Vampa en demandant au pape de le libérer. Au pape lui-même, mon cher ! Toujours selon cette femme, mon sauveur serait un fils de roi qui passerait sa vie sur son bateau à courir le monde. Son nom de Monte-Cristo lui vient d'une petite île de la Méditerranée, où il aurait construit un palais sous la terre.

– Je connais cette île, dit Maximilien Morrel. Les marins de mon père m'ont souvent parlé de son propriétaire.

– Quel délicieux mystère ! dit Château-Renaud. Mais dix heures et demie viennent de sonner. Votre prince est en retard.

À ce moment, un domestique entre et annonce :

– Son Excellence le comte de Monte-Cristo.

L'homme qui vient d'entrer a une trentaine d'années. De longs cheveux noirs entourent son beau visage très blanc. Les jeunes gens admirent surtout son regard profond qui a peut-être vu les plus horribles et les plus belles choses au monde.

– Excusez-moi, dit Monte-Cristo. J'ai cinq secondes de retard. Mais j'ai fait un voyage de deux mille kilomètres.

Albert va vers lui et lui serre la main avec beaucoup d'amitié. Il lui présente ensuite ses amis. Quand il entend le nom de Morrel, Monte-Cristo rougit un peu. Le repas est servi.

– Je ne connais rien à la vie parisienne, dit Monte-Cristo en s'asseyant. Si j'ai les gestes et les paroles d'un Turc, n'ayez pas peur : dites-le-moi. Je suis ici pour apprendre.

– Il parle comme un prince, dit Morrel à l'oreille de Château-Renaud.

– Oui. Un prince de tous les pays du monde.

Le déjeuner

Savez-vous, mon cher, dit Albert, que mes amis ne veulent pas croire à mon aventure chez les bandits romains. Racontez vous-même comment vous m'avez sauvé de Vampa.

– Ce n'était rien, répond Monte-Cristo. Vampa me doit la vie. Le pape l'avait condamné à mort. Je le lui ai racheté contre une pierre précieuse[4]. Depuis, Vampa ne touche plus aux gens que j'aime... Ni aux gens dont j'ai besoin. Or j'ai besoin de vous, Albert, pour me servir de guide à Paris. Je n'étais jamais venu dans votre belle ville avant aujourd'hui.

– Eh bien, dit Albert, nous vous trouverons d'abord une maison dans un quartier à la mode.

– Je vous remercie, dit Monte-Cristo, mais mon esclave[5] africain m'a déjà trouvé une maison sur les Champs-Élysées.

– C'est un endroit pour un prince d'Orient comme vous, mon cher comte, dit Château-Renaud.

– Un esclave ! dit Debray. C'est interdit en France.

– Je connais Ali ! dit Albert. Il est muet[6] ! Comment a-t-il pu trouver une maison dans Paris ? C'est impossible.

---

4 Pierre précieuse : pierre rare et très chère qui sert souvent à faire des bijoux.

5 Esclave : personne qui était achetée à quelqu'un d'autre pour travailler dans une maison sans être payée.

6 Muet : personne qui ne peut pas parler.

– Ali m'obéit comme un chien, répond Monte-Cristo. Il fait tout pour moi. Je lui ai sauvé la vie…

– Vous sauvez la vie à tout le monde, dit Beauchamp.

– J'avais besoin d'un guide dans Paris. Je vous ai sauvé, Albert. J'avais besoin d'un esclave muet. Quand j'étais à Tunis, j'ai appris que cet Ali allait être condamné à mort. Le premier jour, on devait lui couper la langue, le deuxième jour le bras, le troisième jour, la tête. Je l'ai racheté juste avant qu'on lui coupe le bras…

– … Mais après qu'on lui a coupé la langue.

– Bien sûr, puisque j'avais besoin d'un muet. Je suis certain qu'Ali m'a trouvé la plus belle maison des Champs-Élysées et qu'il l'a meublée selon mes goûts.

– Parfait, dit Château-Renaud. Monsieur le comte a une maison. Maintenant, il lui faut une amie.

– Inutile de chercher, dit Albert en riant. À Rome, j'ai vu chez le comte la plus belle des princesses grecques.

– Haydée n'est pas mon amie, c'est mon esclave. Oui, je sais, monsieur Debray, que l'esclavage est interdit en France. Mais essayez donc de lui laisser sa liberté. Je ne pense pas qu'elle vous suivrait. Je l'ai rachetée au Grand Turc, comme j'ai racheté Vampa au pape et Ali au bey[7] d'Alger.

– Vous l'avez sauvée, dit Albert. Vous avez besoin d'elle.

– Peut-être, Albert, peut-être.

– Vous avez la maison, vous avez l'amie… pardon, l'esclave, dit Château-Renaud. Pour être un vrai Parisien, il ne vous manque plus que les chevaux et la voiture.

– Ma voiture doit m'attendre dehors, dit Monte-Cristo.

Par la fenêtre, les jeunes gens voient en effet les plus beaux chevaux et la plus belle voiture de Paris.

---

7 Bey : ancien roi d'Afrique du Nord.

– Je connais ces chevaux, dit Debray. Mme Danglars les a achetés hier pour seize mille francs.

– Je ne sais pas. J'ai demandé à mon secrétaire, M. Bertuccio, de me trouver les meilleurs chevaux. M. Bertuccio s'y connaît : c'est un ancien contrebandier corse.

– Vous lui avez sauvé la vie ? demande Debray.

Monte-Cristo ne répond pas.

Le comte et la comtesse de Morcerf

Le déjeuner terminé, Albert reste seul avec Monte-Cristo.

– Mon cher ami, dit Albert, je veux vous présenter à mes parents. Ils aimeraient remercier l'homme qui m'a sauvé la vie.

Le général Fernand Mondego, comte de Morcerf, un homme de quarante ans, les attend dans le grand salon du palais.

– Je vous remercie d'avoir sauvé mon fils des bandits, dit-il à Monte-Cristo. Sans vous, c'était la fin des Morcerf.

– Il aurait été bien triste que le nom de Morcerf, un nom aussi vieux que la France, disparaisse, répond Monte-Cristo. Un nom que vous avez défendu dans toutes les guerres, mon général.

Monte-Cristo a prononcé ces paroles d'un air innocent. Pourtant, Morcerf rougit un peu.

– Mais vous aussi, vous êtes d'une grande famille, dit-il.

– Non, Monte-Cristo est une petite île que j'ai achetée. Je suis comte par hasard.

– Ah, voici ma mère, dit Albert.

La comtesse se dirige amicalement vers Monte-Cristo, la main tendue. Soudain elle s'arrête en tremblant.

– Qu'avez-vous ? Vous êtes malade, ma mère ?

– Non, répond la comtesse. Je suis seulement trop heureuse de rencontrer l'homme qui a sauvé mon fils.

– Je vous laisse, dit Fernand de Morcerf. Je dois aller à la Chambre des pairs. Voulez-vous venir, monsieur de Monte-Cristo ? Ça intéressera l'étranger que vous êtes.

– Une autre fois, mon général. Je dois partir moi aussi. Quand on arrive de voyage, on a mille et une choses à faire. Nous nous reverrons. Au revoir, madame.

Restée seule avec Albert, la comtesse tombe dans un fauteuil et dit d'une voix faible :

– Ce comte de Monte-Cristo me fait peur.

– C'est l'homme le plus charmant du monde, répond Albert en riant. Il est vrai qu'en le voyant la première fois, on peut croire qu'il revient de chez les morts.

– Oui, de chez les morts…

CHAPITRE 2

Monsieur Bertuccio

Nombreux sont les beaux messieurs et les belles dames qui, ce jour-là, ont remarqué sur les Champs-Élysées un prince d'Orient installé dans une voiture tirée par des chevaux magnifiques. Et plus nombreux encore sont ceux qui en ont parlé le soir même à l'Opéra ou dans les grands cafés.

M. Bertuccio accueille le comte de Monte-Cristo dans la cour de sa nouvelle maison des Champs-Élysées.

– Le notaire vous attend, Votre Excellence.

– C'est vous qui me vendez une maison de campagne ? dit Monte-Cristo en voyant le notaire installé dans son bureau.

– Oui, monsieur. Tous les papiers sont prêts.

– Parfait ! Et où est cette maison ?

– Vous ne savez pas où est la maison que vous achetez ?

– Je suis arrivé ce matin. Et c'est la première fois de ma vie que je viens à Paris.

– Eh bien, Votre Excellence, votre maison de campagne est à dix minutes d'ici, dans le village d'Auteuil.

– Mon Dieu ! dit tout bas Bertuccio, Auteuil !

– Mais ce n'est pas la campagne, ça ! dit Monte-Cristo. Eh bien, monsieur Bertuccio, vous me choisissez une maison de campagne à côté de Paris ?

– Mais c'est vous qui l'avez choisie, répond Bertuccio d'une voix tremblante.

– Oui, peut-être, j'ai lu ça dans un journal.

– Je peux vous en chercher une autre.

– Ce qui est fait est fait. Allons à Auteuil. Payez le notaire, monsieur Bertuccio, et raccompagnez-le.

Quand Bertuccio revient, Monte-Cristo lui dit :

– Nous partons tout de suite.

– Non, monsieur, pitié ! pas Auteuil !

– Vous me désobéissez, maintenant ? Dites au cocher de préparer la voiture. Je ne répète jamais mes ordres deux fois.

Sur la route d'Auteuil, Monte-Cristo regarde son secrétaire comme un médecin son malade. Il est vrai que Bertuccio a l'air souffrant : son visage est blanc comme la neige, ses mains tremblent. À leur arrivée, Monte-Cristo doit sonner lui-même à la porte.

– Ah ! dit le gardien, vous êtes le nouveau propriétaire. M. de Saint-Méran a bien fait de vendre. Depuis cinq ans, personne n'est venu ici.

– Cette maison appartenait à M. de Saint-Méran ? demande Monte-Cristo. Le père de Mme de Villefort ?

– De la première Mme de Villefort. Cette pauvre dame est morte. Depuis, le procureur du roi s'est remarié...

– Bien, laissez-nous. Venez, monsieur Bertuccio.

Monte-Cristo est obligé de pousser son secrétaire par les épaules. Après avoir visité la maison, les deux hommes descendent dans le jardin. Il fait nuit. Monte-Cristo s'assoit sur un banc.

– Votre Excellence, ne restez pas là, s'il vous plaît ! Il y a eu un crime ici, crie Bertuccio.

– Que dites-vous là ? Vous êtes fou ? Quand l'abbé Busoni vous a envoyé à moi, il m'avait pourtant dit que vous étiez un brave homme. Se serait-il trompé ? Je vais vous renvoyer en Corse, moi !

– Non, laissez-moi vous raconter. Je vous dirai tout.

– Racontez, Bertuccio. Ce doit être amusant.

CHAPITRE 2

La vendetta

C'était en 1815. J'avais un frère plus âgé que moi. J'étais contrebandier et lui soldat de Napoléon.

– Tout à fait normal, pour deux Corses.

– Par pitié, Excellence, ne riez pas ! Quand l'Empereur est revenu de l'île d'Elbe, mon frère l'a suivi. Napoléon a été battu à Waterloo. Mon frère m'a dit qu'il revenait en Corse et qu'il m'attendrait à Marseille. Mais vous savez, Votre Excellence, ce qui se passait à Marseille en 1815.

– Je sais peu de choses de ce temps-là, dit Monte-Cristo avec un sourire triste. Je vivais très loin de France.

– Eh bien, quand Napoléon était à Sainte-Hélène, les amis du roi tuaient les soldats revenus de guerre. Mon frère fut l'un de ces nombreux morts. Je suis allé voir le procureur Villefort pour lui demander de retrouver les assassins.

– M. de Villefort a beaucoup travaillé, en 1815…

– … Et voilà ce qu'il m'a répondu : « Le vrai criminel, c'est votre frère, les vrais criminels sont les amis de Napoléon. » Alors, je lui déclaré la *vendetta*. C'est un mot corse qui veut dire vengeance. Mais c'est surtout la guerre entre deux familles. La famille Bertuccio avait déclaré la guerre, la *vendetta*, à la famille Villefort. Quand Villefort est parti à Paris, je l'ai suivi. Je me suis aperçu qu'il venait souvent dans cette maison pour y rencontrer une femme.

– Une femme ? Quel était son nom ?

– Je ne sais pas. Elle attendait un enfant.

– Un enfant de M. de Villefort ?

– Je le pense. Il venait la voir très souvent. Pourtant, Renée de Saint-Méran, sa première femme, était encore vivante.

– Les Saint-Méran, propriétaires de cette maison…

– Oui, mais eux n'y venaient jamais. Ils vivaient à Marseille.

Un soir, je me suis décidé : « Je vais tuer Villefort ! » Je suis entré dans le jardin. Villefort était en train de creuser la terre pour y mettre une boîte. J'ai pensé qu'il voulait cacher un trésor. Je me suis approché, le couteau à la main, et je lui ai dit : « Je suis Bertuccio. Tu as laissé tuer mon frère, Villefort. *Vendetta* ! » Et je l'ai frappé. Il est tombé sans crier. J'ai pris la boîte et je suis parti en courant.

– Vous êtes un voleur et un assassin ! monsieur Bertuccio. L'abbé Busoni m'a envoyé un drôle de secrétaire.

– J'ai raconté une partie de mon histoire à l'abbé. À vous, je la raconte en entier.

– Continuez.

– J'ai ouvert la boîte. Horreur ! Ce n'était pas un trésor, mais un enfant qui venait de naître. L'enfant de la femme que j'avais vue dans la maison d'Auteuil !

– Donc l'enfant de M. de Villefort.

– Oui. Le bébé était vivant. J'ai décidé de le garder et de le confier à la femme de mon frère. Je suis rentré en Corse et j'ai repris mon métier de contrebandier. Je vivais chez ma sœur qui élevait l'enfant comme le sien. Nous l'avons appelé Benedetto. La femme de mon frère était trop gentille avec lui. Bientôt, il lui a volé de l'argent. À quinze ans, il s'est enfui après avoir volé tout ce qu'elle possédait. La femme de mon frère en est morte.

– Charmant garçon, ce Benedetto ! Et vous l'avez revu ?

– Non. J'aimerais qu'il soit mort, le fils de Villefort.

– Vous serez vengé, monsieur Bertuccio, répond Monte-Cristo. Un jour, la justice de Dieu frappera Villefort pour ses crimes. Et votre Benedetto sera peut-être le bras de Dieu. Priez ! Et obéissez-moi en tout. Maintenant, laissez-moi seul.

Monte-Cristo lève alors le regard vers le ciel et dit :

– Merci, mon Dieu ! Fernand et Villefort sont dans ma main. Au troisième, maintenant !

CHAPITRE 2

Un banquier parisien

En 1838, la banque Danglars est l'une des plus importantes de France. D'Espagne, d'Italie, d'Allemagne, les clients viennent voir Danglars en confiance. Tout le monde connaît bien ce banquier de cinquante ans au ventre rond et à l'œil méchant. Aujourd'hui, Danglars est resté dans son bureau à lire des lettres qui lui viennent de toutes ses agences en Europe. Il regarde sa montre. Enfin, un secrétaire annonce :

– Le comte de Monte-Cristo.

Dès que Monte-Cristo entre, Danglars commence :

– J'ai reçu une lettre de la banque Thomson et French me disant que vous voulez ouvrir chez moi un crédit illimité. Je ne comprends pas le mot « illimité »...

– Ça veut dire « qui n'a pas de limites », cher monsieur. Je peux donc prendre chez vous tout l'argent que je veux.

– Tout l'argent ? Donnez un chiffre au moins.

– Vous n'avez pas confiance dans Thomson et French ? Vous me faites peur, répond Monte-Cristo avec un drôle de sourire.

– Si, mais... « illimité ».

– Je comprends. La banque Danglars a des problèmes. Tant pis ! J'ai deux autres crédits illimités ailleurs à Paris...

– Ma banque est l'une des plus riches d'Europe. Mais je préférerais qu'on donne un chiffre. Un million, par exemple.

– Un million ! Que ferais-je d'un million ? Vous plaisantez, baron. J'ai toujours un million sur moi. Regardez !

Et Monte-Cristo sort de son portefeuille un gros paquet de billets. Danglars cherche à répondre :

– Je veux seulement que vous me donniez un chiffre. Ainsi, dès demain, je vous apporte ce que vous voulez.

– Je vais donc vous rassurer. Je pense rester un an à Paris. Je ne dépenserai pas plus de six millions.

– Six millions ! Cinq cent mille francs par mois !

– Vous refusez, tant pis. J'irai dans une autre banque. Qui me conseillez-vous ? Rothschild ou Lafitte ?

– Vous aurez vos six millions, mais comprenez-moi : je connais le nom des gens les plus riches d'Europe. Seul Monte-Cristo m'était inconnu…

– Personne ne le connaît. Ce nom et cette richesse ont été oubliés pendant trois cents ans. J'en ai hérité, il y a à peine dix ans. Voulez-vous les documents qui le prouvent ?

– Inutile ! Les papiers de Thomson et French me suffisent. Et entre « crédit de six millions » et « crédit illimité », la différence est importante. L'affaire est faite. Mon cher, vous faites maintenant partie de ma famille. Un client comme vous… Je vais vous présenter à ma femme.

Danglars sonne un domestique :

– Madame peut-elle nous recevoir ?

– Elle n'est pas seule, dit le domestique.

– Debray est donc là, dit Danglars avec un sourire. Cet ami de ma femme est le secrétaire du ministre de la Police.

– Je l'ai rencontré chez Albert de Morcerf.

– Ah ! vous connaissez le petit Albert ? Il va épouser ma fille ! Les Morcerf disent qu'ils sont nobles. Je sais bien qu'ils ne le sont pas. Moi, je suis un homme du peuple, baron depuis trois ans. Mais mon épouse est noble. C'est ça, Paris, mon cher Monte-Cristo !

Dans le salon de Mme Danglars, Debray semble vraiment chez lui. Installé dans un fauteuil, il lit un livre, tandis que Mme Danglars joue sur son piano un air à la mode.

– Je vous présente le comte de Monte-Cristo, dit Danglars à sa femme. Il reste un an à Paris et va dépenser six millions. Cinq cent mille francs par mois.

– Savez-vous, monsieur, dit la baronne à Monte-Cristo, ce qu'a fait mon mari ? J'avais acheté les plus beaux chevaux de Paris. Il les a revendus hier sans me le dire !

– … Pour trente-deux mille francs, ma femme, deux fois ce qu'ils vous avaient coûté. J'ai fait une belle affaire.

Debray comprend que les époux vont se disputer. Il s'en va en silence. Mme Danglars regarde par la fenêtre et crie :

– Mes chevaux, ils sont dans la cour !

– Mon secrétaire les a achetés hier, dit Monte-Cristo. Je ne savais pas qu'ils étaient à vous. Me voilà fâché avec une des plus jolies femmes de Paris le lendemain de mon arrivée !

Rentré chez lui, Monte-Cristo fait renvoyer les chevaux à Mme Danglars avec une lettre d'excuse et un très beau bijou.

Madame de Villefort et son fils

Le lendemain, Monte-Cristo est dans sa maison d'Auteuil.

– Tout à l'heure, explique-t-il en arabe à son esclave Ali, une voiture emportée par deux chevaux fous va passer devant la maison. Tu les arrêteras.

Ali fait oui avec la tête, va dans la rue et attend.

À cinq heures, la voiture et les chevaux que Monte-Cristo a fait renvoyer chez Mme Danglars arrivent à toute vitesse. À l'intérieur, une jeune femme et son enfant. D'un bond, Ali saisit les animaux par la tête. Au bout de dix mètres, les chevaux s'arrêtent. Monte-Cristo sort de sa maison et vient aider la jeune femme à descendre. Ali porte l'enfant.

– Mon petit Édouard ! Il est mort, pleure la jeune femme.

Monte-Cristo apporte une bouteille pleine d'un liquide rouge, en verse un tout petit peu sur les lèvres de l'enfant qui se réveille.

– Ah ! monsieur, vous avez sauvé la vie de mon Édouard adoré. Comment vous remercier ?

– Ce n'est pas moi, mais Ali qui vous a sauvés.

– Édouard, dis merci à ce Noir.

– Il est trop laid, répond Édouard.

– Pauvre Édouard, dit la jeune femme. Il a eu trop peur.

– Madame, répond Monte-Cristo, tout ça est un peu ma faute. J'ai rendu ces chevaux à Mme Danglars. Je vois qu'elle vous les a fait essayer et...

– Vous êtes le comte de Monte-Cristo ? Hermine Danglars m'a beaucoup parlé de vous ! Je suis Mme de Villefort.

Monte-Cristo salue comme s'il ne connaissait pas ce nom. Édouard s'est approché de la bouteille et veut en boire.

– Arrête, mon garçon, dit Monte-Cristo, une goutte de plus et tu es mort empoisonné.

Effrayé, l'enfant recule. Mme de Villefort regarde alors la bouteille avec intérêt. Monte-Cristo observe ce regard...

CHAPITRE 2

À l'Opéra

Un « lion » ne va pas à l'Opéra pour écouter de la musique, mais pour se faire voir et se faire entendre comme le font ce soir-là Albert de Morcerf et Château-Renaud.

– Mon cher Albert, dit Château-Renaud en parlant très fort, cela fait une semaine que Paris ne parle plus de Monte-Cristo. Il avait bien commencé, pourtant : ouvrir un crédit illimité chez Danglars, offrir à la femme du banquier des chevaux de trente-deux mille francs, plus un bijou, sauver Mme de Villefort et son fils, voilà qui est intéressant !

– Eh ! Regardez plutôt qui vient d'entrer dans la loge[1] du ministre : Mme Danglars, sa fille Eugénie et Debray !

– Votre future femme est très belle, mon cher Albert.

– Belle comme Diane. Moi, je préférerais Vénus !

– Que vous êtes difficile ! Mais, à propos de déesse grecque, regardez donc de l'autre côté.

– C'est Haydée... suivie du comte de Monte-Cristo !

– Haydée ? Est-ce le nom de cette femme magnifique ?

– Oui, mon cher, cette déesse est l'esclave du comte de Monte-Cristo. Allons les saluer.

Ali garde la porte de la loge de Monte-Cristo. La foule le regarde comme un animal bizarre.

– Votre Paris est une drôle de ville, dit Monte-Cristo à Albert. On dirait que ces gens n'ont jamais vu un Africain. Pourtant, si un de ces Parisiens venait en Afrique, personne ne ferait attention à lui.

– Ce n'est pas ce brave Ali qui les intéresse, mais vous. Vous êtes devenu « l'homme à la mode ». Tout le monde parle des

1 Loge : endroit de l'opéra séparé du reste de la salle et formant une petite pièce.

chevaux de Mme Danglars, de la manière dont vous avez sauvé Mme de Villefort et de votre crédit illimité.

– Justement, je vois Mme Danglars qui nous fait des signes. Allons la saluer.

– Avec Haydée ?

– Non, Haydée n'est pas une Parisienne, elle. Quand elle va à l'opéra, c'est pour regarder le spectacle et écouter la musique. Votre père le comte de Morcerf ne vient pas ce soir ?

– Il sera là tout à l'heure.

Dans la loge de Mme Danglars, Monte-Cristo doit raconter comment Ali a sauvé Mme de Villefort et Édouard.

– Oui, mais ce n'est pas Ali qui a sauvé mon fils des bandits romains, c'est vous, monsieur, dit le général, comte de Morcerf, en entrant dans la loge.

– Comme votre amie grecque est belle, monsieur de Monte-Cristo, dit Eugénie Danglars

– Une Grecque ! dit Morcerf comme s'il se parlait à lui-même.

– Oui, répond Eugénie Danglars. Et je suis sûre que vous n'en avez jamais vu d'aussi belles à la cour du pacha Tebelin.

– Vous avez connu le pacha ? demande Monte-Cristo.

– J'étais son conseiller, répond Morcerf, mal à l'aise.

Monte-Cristo prend Morcerf par le bras et lui montre Haydée, de l'autre côté de la salle. Haydée les voit tous les deux en pleine lumière. Elle pousse un cri.

– Votre amie est malade ? demande Eugénie Danglars.

– Non, mais quand elle voit une chose qui ne lui plaît pas, elle se sent mal. Je vous quitte, je vais près d'elle.

Il rentre dans sa loge.

– Avec qui parlais-tu, seigneur ? lui demande Haydée.

– Avec Morcerf, l'ancien conseiller de ton père.

– Il s'appelle Fernand ! Cet homme a vendu mon père aux Turcs !

CHAPITRE 3

Le langage de Monsieur Noirtier

Dans la maison de M. de Villefort, trois pièces sont réservées à M. Noirtier, le père du procureur du roi. Il y a vingt-trois ans, c'est à lui que le jeune Edmond Dantès devait remettre une lettre de Napoléon[1]. Aujourd'hui, le vieil homme est paralysé[2]. Il ne peut bouger ni bras ni jambes. Il ne peut plus parler. Le matin, son domestique Barois le met dans un fauteuil et il le recouche dans son lit le soir. Dans la journée, c'est surtout sa petite-fille Valentine qui s'occupe de lui.

M. Noirtier a un langage bien à lui : pour dire « oui », il baisse une fois les paupières, pour dire « non », deux fois. Mais son regard profond peut aussi montrer beaucoup de sentiments.

Aujourd'hui, Villefort et sa femme sont dans l'appartement de M. Noirtier.

– Monsieur mon père, dit Villefort, nous avons quelque chose d'important à vous dire. Pouvez-vous nous entendre ?

Les paupières se baissent une fois : « Oui. »

– Je sais que vous aimez beaucoup ma fille Valentine. Mais elle a dix-neuf ans. Il faut la marier. Je lui ai trouvé le meilleur mari possible. Il est riche et de vieille famille. Il fera son bonheur. C'est le duc de Château-Renaud.

En entendant ce nom, le regard de Noirtier devient sombre.

---

1 Voir *le Comte de Monte-Cristo tome 1 : le Prisonnier du château d'If*.

2 Paralysé, paralysie : maladie de quelqu'un qui ne peut plus bouger une partie ou la totalité de son corps.

Ses paupières bougent de nombreuses fois : « Non, non, non ! »

– Encore ces vieilles histoires ! dit Villefort. Plus de vingt ans ont passé. Je sais, le père de Château-Renaud était votre ennemi. Il était ami de Louis XVIII et vous de Napoléon. Il est mort d'un mystérieux coup d'épée. Le passé est loin, mon père. Pensez au bonheur de votre petite-fille Valentine ! Elle se mariera avec Château-Renaud, même si ça ne vous plaît pas.

– Voulez-vous voir Édouard ? demande Mme de Villefort.

– Non, non, non, disent les paupières.

– Valentine ?

– Oui.

Deux minutes après, Valentine, la fille de Villefort et d'Andrée de Saint-Méran, arrive dans la chambre.

– Vous avez l'air en colère contre moi, grand-père.

– Oui, disent les paupières.

– Mon père vous a dit qu'il voulait me marier ?

– Oui.

– Moi, je ne veux pas de M. de Château-Renaud. Je ne l'aime pas.

Les yeux de Noirtier montrent alors la bibliothèque.

– Je prends le dictionnaire ? demande Valentine.

– Oui.

Elle récite les lettres : « A, B, C… » À la lettre N, Noirtier l'arrête. « Na, Ne, Ni, No. » Noirtier l'arrête à nouveau. Elle lit les mots qui commencent par « No » jusqu'à « notaire ».

– Vous voulez que j'appelle un notaire ? Barois, va chercher un notaire. Grand-père, voulez-vous que j'appelle aussi mon père et Mme de Villefort ?

– Oui.

Bientôt le notaire arrive. Grâce aux yeux, aux paupières et au dictionnaire, M. Noirtier peut faire écrire son testament : si Valentine épouse Château-Renaud, M. Noirtier donnera, après sa mort, tout son argent aux hôpitaux.

– Château-Renaud l'épousera quand même, dit Villefort. D'ailleurs, Valentine reste riche avec ce que lui laisseront ses grands-parents Saint-Méran. Tant mieux pour les hôpitaux, mon père ! Mais Valentine se mariera avec qui je veux !

Quand Mme de Villefort, son père et le notaire sortent de la pièce, Valentine se met à pleurer.

– Hélas, vous ne pourrez pas me sauver, grand-père ! J'épouserai ce Château-Renaud. Pourtant j'aime un autre homme qui s'appelle Maximilien Morrel. Si nous ne pouvons pas nous marier, nous nous tuerons.

Au nom de « Morrel », le regard de Noirtier brille comme un soleil. Enfin, les yeux du vieil homme regardent la jeune fille en pleurs et semblent dire :

– Mon enfant, je peux t'aider. Fais-moi confiance.

Le télégraphe

Ce même jour, Monte-Cristo va visiter un télégraphe situé à trente kilomètres de Paris sur la route d'Espagne. Autour de la machine, un jardin plein de fruits et de légumes. Le télégraphiste est à genoux et enlève les mauvaises herbes.

– Vous n'allez donc pas regarder les mouvements de l'autre télégraphe ? lui demande Monte-Cristo.

– Non, monsieur l'inspecteur. Il commence dans une heure.

– Je ne suis pas inspecteur. Je suis étranger, et j'avais envie de voir cette machine que je ne connais pas.

Monte-Cristo lui donne deux cents francs et continue :

–Vous avez un beau jardin.

– J'ai planté ici les plus beaux fruits et les plus beaux légumes de la région. Hélas ! dès que je dois remonter au télégraphe, les souris en profitent pour tout manger.

«Tout homme a un grand amour et des ennemis, pense Monte-Cristo. Grâce à ce grand amour et ces ennemis, on peut jouer avec lui et lui faire faire ce que l'on veut. Ce télégraphiste aime les fraises et déteste les souris. Il est à moi. »

Monte-Cristo parle longtemps de fruits et de légumes avec le télégraphiste jardinier.

–Vous gagnez combien ici ? lui demande-t-il enfin.

– Mille francs par an. Dans vingt-cinq ans, je prends ma retraite. Je pourrai m'acheter un jardin en Bretagne. Mais il est l'heure de monter au télégraphe. Vous venez ?

– Vous comprenez ce que dit l'autre télégraphe ? demande Monte-Cristo.

– Non, je répète les mouvements des bras, c'est tout.

– Et si vous ne le faites pas ?

– Je reçois une amende de cent francs.

– Voilà vingt mille francs. De quoi vous acheter un parc en

Bretagne. Ne répétez pas les signes qu'on vous envoie, mais ceux qui sont écrits sur ce papier. Envoyez ça à Paris.

Dix minutes après, à Paris, Debray sort de chez le ministre et court chez Mme Danglars.

–Votre mari a-t-il des actions espagnoles à la Bourse ? demande-t-il à son amie.

– Six millions, mon ami !

– Il faut qu'il les vende tout de suite. Les Espagnols sont descendus dans la rue : ils veulent chasser leur roi. Les journaux en parleront ce soir. Demain, les actions espagnoles tomberont à un prix très bas. Vite, allez le lui dire ! Et n'oubliez pas mes vingt pour cent !

Mme Danglars va répéter cette information à son mari. Danglars court à la Bourse et vend tout. Deux heures plus tard, les journaux publient l'information venue par télégraphe.

Mais le lendemain, on peut lire dans les journaux : « Tout est calme en Espagne. C'était une erreur du télégraphe. »

Le prix des actions espagnoles remonte très vite. Danglars a perdu au total plus d'un million de francs.

Le prince Cavalcanti

En quelques jours, le numéro 28 de la rue de la Fontaine, à Auteuil, est devenu une très jolie maison de campagne. Sur la terrasse, Monte-Cristo attend ses invités. Morrel, Château-Renaud et Debray arrivent les premiers.

–Albert de Morcerf n'est pas là ? demande Morrel.

– Non, il est parti à la campagne avec sa mère, répond Monte-Cristo. Et puis, vous le savez, Danglars et la baronne viennent. Si je l'avais invité, on aurait cru que je voulais faire quelque chose pour son mariage avec Eugénie Danglars.

– Bravo, dit Château-Renaud, personne ne peut rien vous apprendre de la vie parisienne, monsieur le Grand Turc. Mais vous savez que je dois épouser Valentine de Villefort. Or, vous avez invité ses parents.

– Très juste, cher ami. Mais ce n'est pas pareil. Pour vous et Melle Valentine, rien n'est sûr.

À ces mots, Morrel s'éloigne tristement.

Arrive Mme Danglars. Pendant que Debray l'aide à descendre de voiture, elle regarde la maison et devient toute blanche. Danglars descend à son tour, de très mauvaise humeur.

– Vous avez un beau cheval, monsieur Morrel, dit Mme Danglars qui a repris son calme. Je vous le rachèterais bien.

– Ne trouvez-vous pas que vous avez assez de chevaux comme ça ? dit Danglars.

Tout le monde s'attend à ce que Mme Danglars réponde à son mari, comme d'habitude. Mais elle ne dit rien et baisse les yeux.

Un domestique annonce :

– Le prince Andréa Cavalcanti.

Un beau jeune homme arrive, habillé de vêtements un peu trop neufs, un peu trop riches.

– Cavalcanti ! Quel beau nom ! dit Debray.

– Les Italiens ont de beaux noms, répond Château-Renaud, mais, mon Dieu, qu'ils s'habillent mal !

– Qui est ce monsieur ? demande Danglars à Monte-Cristo.

– Le dernier-né d'une grande famille italienne que m'ont envoyé deux de mes amis, lord Wilmore et l'abbé Busoni.

– Riche ?

– Très riche. Le prince m'a dit qu'il voudrait placer son argent dans votre banque. Je vais vous le présenter.

– Que fait-il à Paris ? demande Mme Danglars.

– Il adore les Françaises ! Il veut en épouser une.

– Voilà une idée que je trouve bien mauvaise, dit Danglars en regardant sa femme. Il y a des Françaises qui vous font perdre un million en une journée.

Et il va à la rencontre du prince Cavalcanti.

– Votre mari semble bien en colère, dit Monte-Cristo à Mme Danglars. Le roi voudrait-il en faire un ministre ?

– Non, pas encore, répond-elle en riant. Mais il a perdu en Bourse. Et il dit que c'est ma faute.

– M. et Mme de Villefort, annonce le domestique.

Le procureur du roi entre en regardant partout autour de lui comme s'il avait peur.

– Eh bien, pense Monte-Cristo, les femmes cachent mieux leurs sentiments que les hommes.

Et il regarde Mme Danglars qui embrasse gaiement son amie Mme de Villefort. Il aperçoit à la porte de la cuisine Bertuccio qui lui fait un geste. Il s'approche :

– Que voulez-vous, monsieur Bertuccio ?

– Vous ne m'avez pas dit combien d'invités seront là.

– Voyez vous-même, ils sont tous arrivés. Bertuccio regarde à travers la porte.

– Ah, mon Dieu ! s'écrie le secrétaire, c'est elle !

– Qui donc ? demande Monte-Cristo.

– Celle qui a la robe blanche, la blonde...

– Mme Danglars ?

– Je ne sais pas son nom. Mais c'est la femme du jardin... L'amie de Villefort ! Elle se promenait en attendant...

– En attendant qui ?

– Lui, c'est lui, Villefort ! Alors, je ne l'ai pas tué !

– Eh ! un procureur, ça ne meurt pas comme ça. C'est solide, un procureur. Calmez-vous et faites votre travail. Avez-vous compté nos invités ?

– Il y en a sept.

– Mais non, regardez bien. Là-bas, ce jeune homme qui parle avec M. Danglars. Cela fait huit.

Cette fois, Bertuccio pousse un cri. Monte-Cristo lui met la main sur la bouche :

– Silence !

– Mon Dieu ! Le jeune homme, là, c'est Benedetto ! Le bébé que j'ai trouvé ici… C'est Benedetto ! le fils de Villefort !

– Monsieur Bertuccio, silence encore une fois ! Et faites votre travail comme d'habitude. Sinon…

Cinq minutes après, Bertuccio ouvre les portes de la salle à manger et dit d'une voix normale :

– Monsieur le comte est servi.

La chambre du crime

Le repas est extraordinaire. Des viandes venues de Chine, des fruits venus d'Afrique, des poissons apportés vivants de

Russie… Monte-Cristo raconte mille et une histoires sur ces pays et sur ces plats.

– Tout cela est très beau, dit Château-Renaud, mais ce qui m'étonne le plus, ce sont vos domestiques. Jamais je n'en ai vu qui travaillaient aussi vite et aussi bien.

– C'est vrai, dit Mme de Villefort. Quand Ali nous a sauvés de l'accident de chevaux, cette maison semblait pauvre et vieille. Aujourd'hui, on dirait un palais.

– J'avais voulu la racheter, il y a trois ans, quand M. de Saint-Méran l'avait mise en vente, répond Château-Renaud. Mais en la visitant, je n'en ai pas voulu.

– Quoi ? cette maison a appartenu à l'ancien beau-père de mon mari ? demande Mme de Villefort.

– Je l'ignorais, répond Monte-Cristo. C'est mon secrétaire qui s'occupe de ces affaires.

– Je l'avais donc visitée, continue Château-Renaud. Un endroit qui faisait peur ! Un mauvais romancier aurait pu l'appeler « la maison du crime ».

– La maison Saint-Méran, beau-père du procureur, maison du crime ! dit Morrel. Vous plaisantez, Château-Renaud !

– Moi aussi, la première fois, j'ai senti la même chose, dit Monte-Cristo. C'était vraiment « la maison du crime ».

M. de Villefort, qui n'avait encore pas bu une goutte de vin, vide son verre d'un seul coup.

– Voulez-vous la visiter ? demande Monte-Cristo.

Il y a là-haut une chambre mystérieuse que j'ai laissée comme je l'ai trouvée.

Ils se lèvent tous, sauf Villefort et Mme Danglars.

– Avez-vous entendu ? lui demande-t-elle à voix basse.

– Allons-y, courage ! répond Villefort.

Monte-Cristo les attend avec un bon sourire.

Les invités voient d'abord des pièces qui semblent toutes

neuves. Puis ils entrent dans la seule chambre que Bertuccio n'a pas changée.

– N'est-ce pas un endroit curieux ? demande Monte-Cristo. Regardez cette peinture rouge qui ressemble à du sang... Et ce lit placé d'une façon bizarre.

– Hou ! s'écrie Mme de Villefort avec un air amusé. Vous me faites peur. Et vous faites encore plus peur à Mme Danglars. Elle est tombée dans un fauteuil. Attention ! c'est peut-être là que le criminel a frappé avec son couteau.

Mme Danglars saute hors du fauteuil.

– Ah, ah ! s'amuse Château-Renaud. Voyez cet escalier qui descend de la terrasse. C'est par là que l'assassin est sorti.

Cette fois, Mme Danglars se retient à Villefort pour ne pas tomber. Mais Villefort ne semble pas bien non plus.

– Arrêtons, messieurs, dit Monte-Cristo. Je vois bien que Mme Danglars a peur. Il ne s'est peut-être rien passé dans cette chambre. Au contraire. Imaginez, pour vous rassurer, qu'une jeune mère a fait naître ici un joli bébé. Le médecin et le père sont partis par cet escalier pour la laisser dormir.

Mais ces mots effraient encore Mme Danglars.

– Il me faudrait ma bouteille rouge pour soigner votre amie, dit Monte-Cristo à Mme de Villefort. Mais je l'ai laissée à Paris.

– J'ai la mienne, répond Mme de Villefort. J'ai réussi à en fabriquer comme vous m'avez dit.

– Vous êtes une bonne élève, chère amie, dit Monte-Cristo avec un regard profond.

Le café est servi dans le jardin. Danglars n'est pas monté dans la chambre. Ces histoires ne l'intéressent pas. Il préfère parler avec Cavalcanti d'affaires possibles en Italie. Monte-Cristo a pris Mme Danglars par le bras. Villefort la soutient de l'autre côté.

– Je suis désolé, madame, de vous avoir fait peur. Mais je suis sûr qu'il y a eu un crime dans cette maison.

– Attention, Monte-Cristo, dit Debray qui les a suivis, vous parlez devant le procureur du roi !

– C'est au procureur que je parle et non plus à l'invité.

Suivi des autres invités, il emmène Villefort et Mme Danglars dans le jardin. Puis il frappe la terre du pied :

– Ici, mon jardinier, en retournant la terre, a trouvé une boîte où il y avait le squelette[3] d'un enfant.

– Ce n'est peut-être pas un crime, dit Villefort faiblement.

– Alors, pourquoi avoir enterré l'enfant ici ?

– Par pitié, dit Villefort, oublions cette histoire. Mme Danglars est fatiguée. Rentrons.

En rentrant dans la maison, Villefort dit à l'oreille de Mme Danglars :

– Je veux vous parler. Venez demain à mon bureau.

– J'irai.

---

3 Squelette : ensemble des os.

CHAPITRE 4

Le prince et le pauvre

Le prince Andréa Cavalcanti est heureux : en une soirée, il est devenu l'ami du baron Danglars. Le lendemain, à la banque, il a rendez-vous avec lui pour parler affaires. Des affaires qui se comptent en millions de francs. Pas mal, pour un ancien voleur ! Mais alors qu'il monte dans sa voiture, une main se pose sur son épaule. C'est un pauvre homme aux cheveux gris.

– Que me voulez-vous ? demande Cavalcanti.

– Je veux parler avec toi, mon petit.

Cavalcanti reconnaît la voix :

– Caderousse !

– Oui, mon petit Benedetto. Je suis ton vieil ami Caderousse. Tu as bien changé depuis que ce mystérieux Simbad le Marin nous a fait sortir de prison. Toi, tu es parti à Rome. Moi, pauvre malheureux, me voici à Paris, sans pain, sans argent. Quand je t'ai vu tout à l'heure aller à Auteuil dans ta jolie voiture, j'ai été content pour toi. Je suis venu te féliciter. Et aussi te demander si tu ne peux pas aider ton vieil ami Caderousse, maintenant que tu es riche, mon petit.

Cavalcanti met sa main dans sa poche. Il cherche son pistolet[1]. Caderousse sort un grand couteau.

– Du calme, mon petit. Je joue mieux que toi à ce jeu-là.

– C'est bon, Caderousse. Dis-moi ce que tu veux.

– Ramène-moi à Paris. Tu me raconteras comment tu es

---

1 Pistolet : petite arme à feu.

devenu riche. Moi, je te dirai comment tu peux m'aider.

Cavalcanti fait partir les chevaux.

– Ah, mon cher Caderousse, je suis content de te voir. Nous allons vivre heureux, tous les deux. Écoute mon histoire : comme tu le sais, un certain Simbad le Marin a réussi à nous faire sortir de prison en payant très cher un de nos gardiens. Quand je t'ai quitté, c'était pour aller rejoindre ce Simbad à Rome. Là-bas, une lettre de lui m'attendait chez l'abbé Busoni. Simbad me demandait d'aller à Paris chez le comte de Monte-Cristo. L'abbé Busoni, lui, m'a appris que j'étais le dernier d'une famille italienne très riche. Monte-Cristo, lui, m'a appris que ce Simbad était un Anglais du nom de Wilmore.

– Wilmore, tiens, tiens ! dit Caderousse, je connais ce nom. Et c'est l'abbé Busoni qui m'a parlé de lui, il y a bien longtemps, avant que je te rencontre. Mais alors, ce brave contrebandier Bertuccio, qui venait souvent dans mon hôtel près d'Aix-en-Provence, il n'est donc pas ton père ?

– Non, il m'avait trouvé dans la rue.

– Mais maintenant que tu es prince et riche, tu vas pouvoir aider ton vieil ami Caderousse. Sinon, je pourrais écrire à la police pour lui raconter que tu étais avec moi en prison. Et que nous en sommes sortis sans demander leur avis.

– Combien veux-tu ?

– Oh, deux cents francs par semaine. Ce n'est rien pour toi. Je viendrai les chercher à la porte de ta maison. Je veux dire : de la maison du comte de Monte-Cristo. Donne-moi déjà deux cents francs… Merci, mon petit. À la semaine prochaine !

Et Caderousse disparaît dans la nuit.

Un nouveau projet de mariage

Deux jours après, Danglars vient rendre visite à Monte-Cristo dans sa maison des Champs-Élysées.

– Mon cher, lui dit-il, vous avez beaucoup d'argent chez moi. Je vais donc vous parler franchement. Depuis quelques jours, mes affaires vont mal.

– Vous voulez de l'argent ? demande Monte-Cristo en ouvrant une armoire.

– Non, non, je n'en suis pas là ! Mais ma femme m'a fait perdre près d'un million.

– L'histoire de l'Espagne ? Racontez, je vous prie.

– C'est simple. Vous savez qu'elle est très amie avec Debray. Tout le monde le sait ! Même moi, le mari ! Ça m'est égal. Elle a eu bien d'autres amis ! Villefort, par exemple !

– Oh, Danglars, pas le procureur du roi !

– Ça n'a aucune importance. Donc, Debray m'était très utile. Il donnait des informations secrètes du ministère à ma femme. Elle me les répétait. Je faisais mes affaires avec ça. Je donnais un tiers de ce que je gagnais sur ces informations à ma tendre épouse qui, à son tour, en donnait à Debray.

– La vie à Paris est très curieuse, dit Monte-Cristo.

– Tous les banquiers font ça. Moi, je le fais mieux que les autres. Et je gagne plus d'argent. Hélas, avant-hier, le télégraphe se trompe, Debray répète la fausse information, je vends toutes mes actions espagnoles. Et je perds un million.

– Un million, bah ! ce n'est rien pour la banque Danglars.

– Oui, mais ce matin, il m'est arrivé une autre catastrophe. J'ai depuis dix ans un gros client italien, M. Jacopo, qui payait toujours à l'heure. Hier, je devais recevoir de lui un million. Et j'apprends qu'il a disparu.

– Disparu ?

– Oui, il est parti de Livourne.

– La police le recherche ?

– Non, il n'a rien fait contre la loi. Mais pour moi, ça veut dire un autre million de perdu. Deux autres histoires comme celles-là et la banque Danglars doit fermer. N'ayez pas peur, j'en ai vu d'autres. Si je suis venu vous voir…

– C'est pour me demander de l'argent ?

– Non, vous dis-je, tout va bien. Je voudrais que vous me donniez des renseignements sur le prince Cavalcanti.

– Mais je le connais très peu.

– Voyons, il dînait avec nous hier.

– C'est mon ami l'abbé Busoni qui me l'a envoyé. Moi, je ne l'ai vu que deux ou trois fois dans ma vie, c'est tout.

– Ce Cavalcanti est riche pourtant ?

– L'abbé Busoni me l'a dit.

– Il a des affaires importantes en Italie ?

– L'abbé Busoni me l'a dit.

– Cavalcanti est venu à Paris pour se marier ?

– Ah, ça, l'abbé Busoni ne s'occupe pas de ces choses-là.

– Eh bien moi, Cavalcanti m'a dit qu'il était à Paris pour trouver une femme. Il aime les Parisiennes. La famille de celle qu'il épousera pourra avoir six millions de francs…

– Sept millions, selon l'abbé Busoni.

– Et vous croyez ce que dit votre ami l'abbé ?

– Comme si c'était mon frère. Je lui fais confiance.

– Et moi, je fais confiance au comte de Monte-Cristo. Je peux tout dire à un homme comme vous : je veux marier ma fille Eugénie au prince Cavalcanti.

– Mais je croyais qu'elle allait épouser Albert ?

– Le petit Morcerf ? On avait un peu parlé de ça avec son père. Mais il n'y avait rien de sûr. Et les Morcerf sont beaucoup moins riches que Cavalcanti.

– C'est vous qui le dites.

– C'est moi, oui.

– Mais le nom très ancien des comtes de Morcerf allié à celui du baron Danglars, cela donnera confiance à vos clients.

– Vous plaisantez ! Moi, c'est le roi qui m'a fait baron. Morcerf, lui, s'est fait comte tout seul.

– Que me racontez-vous là ?

– Je dis que le comte de Morcerf n'a jamais existé. Il s'appelle Fernand Mondego. Il était pêcheur à Marseille. Oui, mon cher... Il me vendait du poisson tous les vendredis. Ce nom de Morcerf et sa richesse, il les a rapportés de Grèce juste après l'affaire du pacha Tebelin. Curieux non ? Je voudrais quand même savoir dans quelle famille je vais mettre ma fille. Cette affaire Tebelin est vraiment bizarre.

– Vous avez une agence en Grèce ? Demandez-lui des renseignements.

– Bonne idée ! Je vous quitte, cher ami, et merci de vos conseils.

– Je ne vous ai donné aucun conseil.

– Tiens ! C'est vrai cela ! Merci quand même.

CHAPITRE 4

Le bureau du procureur Villefort

Quand Mme Danglars entre dans le bureau du procureur du roi, au Palais de justice, son cœur bat plus vite. Villefort la regarde, triste et froid, derrière ses lunettes d'or.

– Vous êtes à l'heure, madame. Voilà bien longtemps que nous ne nous sommes pas rencontrés seuls.

– Depuis vingt ans. Je crois qu'aujourd'hui nous aurons une conversation plus difficile qu'au temps de notre jeunesse.

– Depuis, j'ai porté notre faute comme un remords[2].

– Je ne me sens pas coupable, moi, répond-elle, même si je suis assise dans le fauteuil où viennent ceux que vous allez condamner. Nous avons vécu heureux, il y a longtemps.

– Depuis, j'ai changé, madame, et trop de malheurs sont tombés sur moi. Dieu a voulu me punir de notre faute.

– Oh, moi, j'ai été bien punie, hier, à Auteuil.

– Soyez courageuse. Écoutez ce que je vais vous dire. Hier, notre passé s'est jeté sur nous. Pourquoi ? Comment ?

– Le hasard, monsieur. C'est un hasard si le comte de Monte-Cristo a acheté cette maison, c'est un hasard si ses jardiniers ont trouvé le corps de notre enfant.

– Un hasard ? Non, non. Personne n'a pu trouver de corps. Car il n'y a jamais eu de corps dans le jardin d'Auteuil.

– Que voulez-vous dire ? crie Mme Danglars.

– Je veux dire que Monte-Cristo a menti.

– Ce n'était pas là que vous aviez mis notre enfant ?

– Écoutez-moi, dit Villefort d'une voix sombre. Il y a vingt ans, cette nuit-là, je vous ai laissée dans votre lit. Je suis descendu

---

2 Remords : sentiment de quelqu'un qui se rappelle un crime, ou une faute, qu'il a fait.

par l'escalier de la chambre avec l'enfant que nous croyions mort. Pendant que je creusais sous l'arbre, j'ai reçu le coup de couteau du Corse. Je n'étais que blessé. J'ai réussi à remonter dans la chambre. Vous m'avez fait transporter devant la porte de ma maison, à Paris, et j'ai dit que j'avais été blessé dans un duel. Je suis alors parti dans la famille de ma femme, les Saint-Méran, à Marseille. Une fois guéri, je suis retourné dans la maison d'Auteuil, pensant que si le Corse apprenait que j'étais encore vivant, il pouvait montrer le corps de notre enfant à la police et dire que je l'avais tué. J'ai creusé tout le jardin. Rien. Pas de boîte, pas de corps d'enfant. Le Corse avait dû partir avec, croyant que c'était un trésor. Quand il s'est aperçu que c'était un enfant...

– ... Il a dû jeter ce pauvre petit corps dans la Seine, dit Mme Danglars.

– Je suis sûr que non. Le Corse voulait me tuer, moi. Pas un enfant vivant et innocent. Je connais ces hommes-là.

– Quoi ? Vous saviez que mon enfant était vivant quand vous avez voulu l'enterrer ?

– Laissez-moi finir ! J'ai interrogé mes policiers. Ils avaient bien vu, six mois avant, un contrebandier corse partir de Paris avec un enfant dans les bras.

– Vous vouliez enterrer mon fils vivant ! Ah !

– Je le croyais mort ! Depuis, je le cherche. Mais maintenant, je vais le chercher avec encore plus d'efforts. Car j'ai peur de ce Monte-Cristo. Il nous a menti en nous disant qu'il avait trouvé la boîte et l'enfant. Pourquoi ? Dans huit jours, je saurai qui est cet homme et ce qu'il nous veut.

CHAPITRE 5

L'abbé Busoni et lord Wilmore

Deux jours après sa conversation avec Mme Danglars, Villefort apprend par sa police que deux personnes connaissent très bien Monte-Cristo : l'abbé Busoni et lord Wilmore.

Il va d'abord chez le premier, déguisé en policier. L'abbé le reçoit dans la bibliothèque de sa petite maison.

– Vous êtes policier ? demande-t-il. Et vous venez de la part du nouveau chef de la police ? Je le connais bien. Il était avant directeur des prisons. Il me laissait y entrer comme je voulais pour aider les prisonniers.

– Le chef de la police m'a dit qu'il avait confiance en vous. Connaissez-vous le comte de Monte-Cristo ?

– Vous voulez dire M. Zaccone ?

– Zaccone ? C'est son nom ?

– Monte-Cristo est un nom d'île. Zaccone est un nom de famille. Oui, je le connais bien. Son père était marchand à Malte. Nous avons joué ensemble quand nous étions petits. Puis il est entré dans la marine. Il a fait la guerre en Inde.

– Il est riche ?

– Il a six ou sept millions, je crois.

– On dit qu'il en a dix ou douze…

– Un peu moins. Le pape l'a fait chevalier du Christ car il a aidé les chrétiens d'Orient. Il me donne dix mille francs par mois pour que je les distribue aux pauvres gens.

– C'est un saint, cet homme-là ! A-t-il des ennemis ?

– Un seul ! lord Wilmore. Ils étaient en Inde en même temps,

mais ils ne se battaient pas pour la même armée. Lord Wilmore vous donnera d'autres informations. Il est à Paris. Mais je le vois très peu. Il déteste Zaccone et Zaccone est mon ami.

– M. Zaccone est-il déjà venu en France avant ?

– Jamais. C'est la première fois.

– Une dernière question, dit Villefort. Pourquoi Monte-Cristo a-t-il acheté une maison à Auteuil ?

– Il veut en faire un hôpital pour les fous.

Villefort s'en va. Dix minutes après, il est chez lord Wilmore qui habite à l'hôtel. Lord Wilmore arrive avec une demi-heure de retard. Il est très blond, porte une longue moustache et des lunettes. Villefort, toujours déguisé en policier, lui pose les mêmes questions. Il apprend que Monte-Cristo est devenu riche en trouvant une mine d'argent en Grèce.

– Pourquoi est-il venu en France ?

– Pour gagner de l'argent sur les trains.

– Il dépense beaucoup ?

– Cinq cent mille francs par an, seulement.

– Pourquoi le détestez-vous ?

– Il m'a volé une femme à Constantinople.

– Savez-vous pourquoi il a acheté une maison à Auteuil ?

– Oui, je le sais ! Il est fou ! Il croit qu'il y a en dessous de son jardin de l'eau bonne pour les malades. Il veut faire une station thermale[1], comme à Vichy ou à Luchon. Il a retourné tout le jardin pour chercher l'eau. Il est fou, vous dis-je ! Il va se ruiner . Et moi, je lui reprendrai Haydée.

Et pendant que Villefort s'en va, pas très content car il n'a pas appris grand-chose, lord Wilmore enlève ses moustaches et ses lunettes : c'est le comte de Monte-Cristo.

1 Station thermale : sorte d'hôpital où on soigne les gens grâce à la qualité de l'eau.

Madame de Saint-Méran

M. et Mme de Saint-Méran sont partis de Marseille pour être au mariage de leur petite-fille Valentine de Villefort avec le duc de Château-Renaud. Mais, pendant le voyage, M. de Saint-Méran est mort de façon soudaine en prenant son médicament. On vient juste de l'enterrer à Paris. Dans la maison Villefort, Mme de Saint-Méran est couchée, malade.

– Écoutez, mon fils, dit-elle à Villefort. Je vais retrouver tout à l'heure mon pauvre mari. Non, ne dites rien, je le sais. Son fantôme[2] est venu dans ma chambre. Je l'ai vu. Il a déposé un jus d'orange près de moi.

– Vous avez la fièvre, madame, calmez-vous…

– Prenez soin de Valentine. Mariez-la vite avec M. de Château-Renaud. Il faut qu'elle quitte cette maison. Adieu.

Et Mme de Saint-Méran ferme les yeux pour toujours.

– Ah ! docteur, le malheur est sur ma maison, dit Villefort au médecin. Deux morts en deux jours…

– Monsieur le procureur, puis-je vous parler seul, dans le jardin ? demande le médecin.

– Que voulez-vous me dire ?

– M. et Mme de Saint-Méran ont été empoisonnés.

– Empoisonnés ! Vous vous trompez, docteur ! Qui ferait cela dans ma maison ? Personne ne voulait leur mort.

– Qui aura l'argent des Saint-Méran ?

– Ma fille Valentine. Docteur ! c'est impossible. Ma fille ne peut pas faire une telle chose.

– Alors, cherchez qui d'autre a pu faire ça.

Caché derrière un arbre, quelqu'un a entendu cette conversation : Maximilien Morrel.

2 Fantôme : être qui revient sur terre après sa mort.

Noirtier contre Château-Renaud

Le contrat de mariage de Valentine de Villefort et du duc de Château-Renaud commence dans la tristesse. Les témoins de ce dernier, Albert de Morcerf et Beauchamp, pensent que M. et Mme de Saint-Méran sont morts il y a moins d'une semaine. Alors que M. de Villefort va signer le contrat, le domestique de Noirtier, Barois, entre dans la pièce et dit :

– M. Noirtier veut voir M. de Château-Renaud.

– Après la signature du contrat, dit Villefort.

– Non, tout de suite, répond Barois.

– J'y vais, dit Villefort en colère, je reviendrai vite.

– Je viens avec vous, dit Château-Renaud. Après tout, c'est moi que M. Noirtier veut voir.

Villefort proteste, dit que son père est un vieil homme qui ne peut plus parler, mais Château-Renaud vient quand même, laissant les deux témoins tout seuls.

M. et Mme de Villefort, Château-Renaud et Valentine entrent dans l'appartement de M. Noirtier.

– Que me voulez-vous encore, mon père ? demande Villefort. Vous me détestez donc tellement ?

Le regard de M. Noirtier semble dire : « Je ne te déteste pas, mon fils. Tu me fais pitié. » Villefort rougit car il a compris ce regard.

Barois tend alors à Château-Renaud un paquet de vieux papiers jaunis :

– M. Noirtier veut que monsieur le duc lise ce document à voix haute.

Il s'agit d'un texte datant du 8 février 1815, quelques semaines avant que Napoléon revienne de l'île d'Elbe. À une réunion secrète, le président d'un parti bonapartiste avait réuni chez lui un certain nombre d'amis de Napoléon, dont le père de Château-Renaud. Mais celui-ci préférait maintenant Louis XVIII. Le président de la réunion annonça que bientôt une lettre venant de l'île d'Elbe par le bateau le Pharaon leur indiquerait le jour du retour de Napoléon en France. Tous devraient alors sortir de leur cachette et aider l'empereur à reprendre le pouvoir et à faire partir Louis XVIII. Le père de Château-Renaud se leva et dit qu'il resterait maintenant avec le roi car il l'avait promis. Le président le tua en duel.

Après sa lecture, des larmes plein les yeux, Château-Renaud regarde Noirtier et demande :

– C'était un duel honnête ?

– Oui, répond Noirtier avec les paupières.

– Qui était le président de la réunion ? Qui était l'homme qui a tué mon père ? Je veux le savoir...

Les yeux de Noirtier montrent le dictionnaire. On cherche jusqu'à la lettre M. Ma, Me, Mi, Mo... Noirtier arrête les recherches au mot « moi ».

– « Moi » ? crie Château-Renaud. Vous ! Vous ! C'est vous qui avez tué mon père ?

– Oui, disent les paupières de Noirtier.

Le journal de Beauchamp

Dans son bureau du journal *l'Impartial*, alors qu'il écrit un article sur l'enterrement de M. et Mme de Saint-Méran, Beauchamp voit entrer brusquement Albert de Morcerf.

– Content de vous voir venir visiter mon journal, cher ami.

– Assez de jolies phrases, monsieur, crie Albert. Je viens me battre en duel avec vous.

– En duel ? Mais pourquoi ?

– Lisez cet article paru ce matin dans votre journal avec ce titre : « Un traître en Grèce ».

Beauchamp lit :

« On nous écrit de Grèce : en 1822, pendant la guerre entre les Grecs et les Turcs, le pacha Tebelin, qui aidait les Grecs, a été tué parce qu'un officier français à qui le pacha faisait confiance avait ouvert les portes de son château de Janina aux armées ennemies. Ce traître s'appelait Fernand. »

– Je ne comprends pas pourquoi il faut nous battre !

– Mon père s'appelle Fernand et était conseiller du pacha.

– En ce temps-là, en Grèce, il devait y avoir beaucoup d'autres Fernand parmi les Français.

– Vous savez bien que cet article a été écrit pour faire du mal à mon père. Mais c'était un brave. Demain, je veux que ce soit écrit dans votre journal. Sinon, je vous tue.

– Je vais voir si cette information est vraie, répond Beauchamp d'un air beaucoup moins amical. Si cet article dit la vérité, nous nous battrons. Sinon, je publierai des excuses.

– J'accepte, monsieur. Dans trois semaines, s'il n'y a rien dans votre journal, je vous envoie mes témoins.

Et Albert s'en va en jetant le journal.

Le poison

Maximilien Morrel n'a jamais été aussi heureux de sa vie : il n'y aura pas de mariage entre Valentine et Château-Renaud. Le duc ne peut pas épouser la petite-fille de celui qui a tué son père. Tout à l'heure, Valentine a raconté tout cela à son bien-aimé. Elle l'a pris par la main et l'a emmené chez M. Noirtier. Dans son langage, le vieil homme dit maintenant aux deux amoureux qu'il faut s'en aller de la maison Villefort et s'installer à la campagne. Là-bas, Valentine ne risquera pas d'être empoisonnée.

Il fait très chaud dans l'appartement de M. Noirtier. Barois a soif. Valentine lui tend un verre d'eau. Le vieux domestique le boit d'un coup, devient blanc, tombe à terre. Valentine appelle au secours. Morrel se cache pour que Villefort ne le voie pas ici. Le procureur et le médecin arrivent en courant. Trop tard. Barois est mort.

– La mort est dans ma maison ! crie Villefort.

Le médecin l'emmène dans une pièce à côté.

– Barois a été empoisonné. Comme les autres. Il a bu un verre d'eau qui était pour votre père.

– Mais qui a pu faire cela ? demande Villefort.

Réfléchissez : M. et Mme de Saint-Méran ont été empoisonnés. On voulait empoisonner M. Noirtier. Qui profitera de leur mort ? Qui héritera d'eux ?

– Non ! Pas Valentine ! Ma fille ne peut pas avoir tué.

– Monsieur, répond le médecin, vous êtes procureur du roi, faites votre travail. Sinon, j'irai voir la police.

– Bien, répond Villefort. Je punirai. Je punirai seul.

CHAPITRE 6

Un vol aux Champs-Élysées

Cette nuit, pas une lumière n'est allumée dans la maison des Champs-Élysées. Bien cachés, Monte-Cristo et Ali attendent.

Le matin, le comte a reçu une lettre l'informant que quelqu'un a l'intention de venir lui voler des papiers secrets. La lettre dit aussi que le comte devra arrêter tout seul le voleur, car il ne faut pas que la police soit prévenue. Monte-Cristo a envoyé ses domestiques à Auteuil, ne gardant qu'Ali.

Soudain ils entendent un bruit : le voleur casse une fenêtre, entre, se dirige vers le coffre-fort[1] et essaie de l'ouvrir.

– Ce n'est donc qu'un simple cambrioleur, pense Monte-Cristo.

Le cambrioleur allume une lampe.

– Mais c'est… murmure le comte, étonné.

Il regarde par la fenêtre et voit une ombre qui attend dans la rue, un couteau à la main.

– J'ai compris. Ali, surveille-le, je reviens !

Il entre dans une autre pièce, se met des faux cheveux et se déguise en abbé. Il revient dans le bureau où le voleur essaie toujours d'ouvrir le coffre-fort.

– Bonsoir, monsieur Caderousse, dit Monte-Cristo à voix haute. Que faites-vous ici en pleine nuit ?

Caderousse se retourne et crie :

– L'abbé Busoni !

– Cela fait dix ans que nous ne nous sommes pas vus. Le jour où je vous ai donné un bijou, le jour où vous avez tué le bijoutier.

– C'est la Carconte qui l'a tué ! C'est pour ça qu'on ne m'a pas coupé la tête, mais seulement envoyé en prison.

– Seulement ! Maintenant, vous voulez voler mon ami Monte-Cristo. Au fait, pourquoi n'êtes-vous plus en prison ?

– C'est un Anglais qui m'a fait sortir, lord Wilmore.

– Je le connais. C'est un ami. Il me dira si vous mentez.

– Ce n'est pas moi que l'Anglais voulait faire sortir, mais un Corse qui était avec moi. Il s'appelait Benedetto.

En disant cela, Caderousse se rapproche de Monte-Cristo.

– Qu'est devenu ce Benedetto ?

– Je ne sais pas. On s'est quittés juste après être sortis.

– Vous mentez. Vous vivez avec l'argent qu'il vous donne.

– C'est vrai ! Il est devenu le fils d'un homme riche.

---

1 Coffre-fort : armoire très solide où l'on met de l'argent.

– Et quel est le nom de cet homme riche ?

– Le comte de Monte-Cristo.

– Monte-Cristo ? dit le faux abbé, d'un air étonné. Je comprends maintenant... Ce Benedetto s'appelle donc Monte-Cristo ?

– Non ! Il se nomme Andréa Cavalcanti.

– Quoi ? Celui qui va épouser Melle Danglars ? Mais je vais dire au baron qui est ce Cavalcanti.

Caderousse sort un couteau de sa poche et se jette sur Monte-Cristo qui lui prend le bras. Caderousse tombe à genoux.

– Eh, vous me faites mal ! Vous êtes fort pour un abbé.

– Ça suffit, Caderousse. Va-t'en, maintenant.

– M'en aller ? Par où ?

– Par où tu es venu. Par la fenêtre.

– Laissez-moi une dernière chance.

– Je veux bien. Si tu réussis à rentrer chez toi sans te faire tuer, pars de la France. Deviens enfin un honnête homme. Alors, je t'enverrai un peu d'argent. Rappelle-toi : si tu réussis à rentrer chez toi sans te faire tuer. Alors, je croirai que Dieu t'a pardonné. Et je te pardonnerai aussi.

Caderousse saute par la fenêtre et s'en va en courant. L'homme qui l'attendait l'arrête et lui donne trois coups de couteau. Caderousse tombe. Son assassin disparaît dans la nuit.

– Au secours, monsieur l'abbé ! crie Caderousse.

Monte-Cristo et Ali emmènent Caderousse dans une chambre.

– Va chercher la police, dit Monte-Cristo à Ali.

Caderousse ouvre les yeux :

– Allez chercher un médecin, monsieur l'abbé. Je sais que je vais mourir. Mais avant, je veux pouvoir dire qui m'a tué.

Monte-Cristo sort une bouteille remplie d'un liquide rouge et verse deux gouttes dans la bouche de Caderousse.

– Je revis ! Je vais tout vous dire, monsieur l'abbé.

– Signe d'abord ce papier. Je te le lis : « Benedetto, qui était en prison avec moi, m'a tué alors que je cambriolais la maison du comte de Monte-Cristo. » Signe !

Caderousse signe et dit d'une voix faible :

– Comment savez-vous tout cela, monsieur l'abbé ?

– Je le sais. Andréa Cavalcanti, c'est-à-dire Benedetto, a écrit une lettre à mon ami Monte-Cristo pour le prévenir que tu allais le voler. Il voulait que tu tues le comte. Ainsi, il pensait pouvoir hériter de lui, puisqu'il croit être son fils. Ensuite, il te tuait toi parce que tu savais trop de choses.

– Vous avez laissé faire cela ? Vous saviez qu'il allait me tuer... Vous êtes un mauvais abbé. Je ne crois plus en Dieu !

– Tais-toi, Caderousse. Dieu t'a trop longtemps pardonné. Tu vivais bien, tu avais de bons amis. Mais tu buvais, tu ne travaillais pas. Tu as fait jeter en prison l'un de tes meilleurs amis. Tu es devenu pauvre. J'ai voulu t'aider. Alors, tu es devenu un assassin. À nouveau, Dieu t'aide encore et te sort de prison. Tu deviens un voleur. Dieu ne pardonne plus.

– Vous n'êtes pas un abbé. Je ne crois pas en Dieu.

– Il y a un Dieu, car pendant que tu meurs, moi, je suis fort, riche, puissant...

– Qui êtes-vous ?

Monte-Cristo enlève ses faux cheveux.

– Simbad le Marin ! lord Wilmore ! crie Caderousse.

– Je ne suis ni Wilmore ni Busoni. Rappelle-toi !

– Qui êtes-vous, vous qui m'avez laissé mourir ?

– Je t'aurais sauvé si tu m'avais demandé pardon. Je le promets sur mon père.

– Ton père ? demande Caderousse. Je sais, tu es...

Monte-Cristo se penche à l'oreille de Caderousse :

– Oui, je suis...

– Mon Dieu, mon Dieu, pardonnez-moi ! dit Caderousse.

Et il tombe mort.

Le traître de Janina

Trois semaines après, Beauchamp arrive un matin chez Albert.

– Vous venez vous excuser ? demande Albert. Et vous allez écrire dans votre journal que mon père n'est pas un traître ?

– Asseyez-vous, mon cher Albert. Et écoutez-moi. Après, si vous le voulez, nous nous battrons. Je reviens de Grèce. Hélas, mon ami, lisez ces papiers. Ils montrent que votre père, Fernand Mondego, est bien l'homme qui a ouvert les portes de Janina aux Turcs. C'est lui qui a tué le pacha Tebelin. C'est lui qui a vendu sa femme et sa fille comme esclaves.

– Mais pourquoi ? dit Albert en pleurant après avoir lu.

– Votre père a vécu dans un temps de guerres et de révolutions. Comme les autres hommes de son âge, il ne savait plus où étaient le bien et le mal. Ce n'est pas votre faute. Je vous promets que je ne dirai rien. Tout sera oublié bientôt.

– Trouvez l'homme qui a envoyé cette lettre à votre journal. Je veux savoir son nom.

Le domestique entre et annonce :

– Le comte de Monte-Cristo.

– Vous avez l'air fatigué, Albert, dit le comte en entrant. Je viens de m'acheter une maison au bord de la mer. J'y vais une semaine. Depuis ce vol et cet assassinat, j'ai des policiers chez moi toute la journée. Venez-donc avec moi !

– Acceptez, dit Beauchamp. Je m'occupe de votre affaire.

Le lendemain, alors que Monte-Cristo et Albert sont au bord de la mer, à la Chambre des pairs, tout le monde lit *Le Royaliste*, un autre journal que celui de Beauchamp : « Le nommé Fernand qui a tué le pacha Tebelin n'est autre que le comte Fernand Mondego de Morcerf, général et pair de France. » Et le journal raconte toute l'affaire.

Quand le comte de Morcerf entre à la Chambre des pairs, tous les regards se tournent vers lui. Un des pairs demande à parler. Le silence se fait. Il lit l'article et demande que Morcerf soit jugé par la Chambre. Le président demande à Morcerf :

– Vous acceptez qu'on vous juge ?

– Demain, répond Morcerf, je prouverai mon innocence.

Le lendemain, Morcerf revient devant les pairs et montre des lettres du pacha où celui-ci raconte comment Morcerf a été son meilleur conseiller. Les pairs peuvent aussi admirer des bijoux que le pacha lui aurait donné pour le remercier.

Le président dit alors :

– Quelqu'un attend dehors. Cette personne affirme qu'elle était à Janina. Faites entrer.

Haydée entre, belle comme une déesse de l'Olympe.

– Qui êtes-vous, madame ?

– Je suis Haydée, la fille du pacha Tebelin. J'avais cinq ans quand mon père a été tué. J'ai vu entrer dans le château le colonel français

qui était son conseiller. Des milliers de soldats turcs le suivaient. Ce Français a coupé la tête de mon père et m'a vendue comme esclave. Le comte de Monte-Cristo m'a rachetée dix ans après. Voici l'acte de vente. Voici aussi mon acte de naissance, monsieur le président.

– Voulez-vous répondre, comte de Morcerf ?

Tout le monde se tourne vers Morcerf. Il est tremblant, le visage presque vert. Haydée le montre du doigt et dit :

– Tu as tué mon père, je te reconnais !

Morcerf quitte la Chambre des pairs en courant.

Albert contre Monte-Cristo

Albert et Monte-Cristo sont très vite rentrés à Paris. Albert va chez Beauchamp qui lui raconte tout et ajoute :

– Je sais maintenant que c'est Danglars qui a envoyé l'article à mon journal.

– Allons le voir. Je veux me battre en duel avec lui.

– Un banquier ne se bat jamais en duel, mon pauvre Albert.

Devant la porte de la maison Danglars, les domestiques empêchent Albert et Beauchamp de passer. Albert les pousse et entre dans le bureau du banquier.

– Je vous attends demain au bois de Vincennes, un pistolet à la main, crie-t-il.

– Un duel ? répond Danglars vert de colère et de peur. Ce n'est pas ma faute si votre père est un traître !

– Non, mais c'est vous qui avez écrit aux journaux.

– C'est normal ! Je ne voulais pas donner ma fille au fils de n'importe qui. Et quand on m'a conseillé d'en savoir plus…

– Qui est ce « on » ?

– Eh bien ! le comte de Monte-Cristo.

Le comte de Monte-Cristo ! Albert comprend : le maître de

Haydée ! C'est lui qui a donné l'idée à son esclave de venir comme témoin à la Chambre des pairs.

– Je me battrai donc contre le comte de Monte-Cristo. Ne tremblez plus, Danglars.

Le soir même, Albert, suivi de Beauchamp, Debray et Château-Renaud, entre avec violence dans la loge de Monte-Cristo, à l'Opéra, où celui-ci est installé avec Morrel.

– Bonjour, cher Albert, dit le comte en souriant.

– Je suis venu vous demander une explication, répond Albert d'une voix tremblante, les dents serrées.

– Je ne savais pas qu'on demandait des explications à l'Opéra. Paris est vraiment une drôle de ville.

– C'est le seul endroit où je pouvais vous rencontrer.

– Pourtant, hier encore, vous étiez chez moi, je crois.

– Hier, je ne savais pas qui vous étiez, crie Albert.

– Parlez moins fort. Vous êtes chez moi, ici. Il y a des gens qui ne devraient pas faire trop de bruit, monsieur de Morcerf !

À ce nom, tout le public de l'Opéra se retourne. Albert lève la main. Morrel lui saisit le bras avant qu'il frappe.

– Nous nous battrons, monsieur, dit Monte-Cristo. Maintenant, sortez ou je vous fais jeter dehors.

Tiré par Beauchamp, Albert s'en va, fou de colère.

– Que lui avez-vous fait ? demande Morrel à Monte-Cristo.

– Rien, mais l'histoire de son père l'a rendu fou. C'est Haydée qui a tout raconté à la Chambre des pairs. Elle est la fille du pacha Tebelin. Comprenez-vous, maintenant ? Voulez-vous être mon témoin à ce duel ? Laissez à Albert le choix des armes et du lieu. De toute façon, je le tuerai...

Mercédès et Edmond

Rentré chez lui, Monte-Cristo nettoie ses pistolets.

– Une dame veut vous voir, dit Bertuccio. Elle n'a pas dit son nom.

– Faites-la entrer.

C'est Mme de Morcerf. Elle se jette à genoux et dit :

– Edmond, vous ne tuerez pas mon fils !

– Quel nom avez-vous dit, madame ?

– Le vôtre, Edmond. Le mien est Mercédès.

– Mercédès est morte. Je ne connais personne de ce nom.

– Mercédès est vivante. Mercédès vous a reconnu dès qu'elle vous a vu. Mercédès vous surveille depuis ce jour-là. Mercédès a compris qui a fait du mal au comte de Morcerf.

– À Fernand, voulez-vous dire, répond Monte-Cristo avec un triste sourire. Ce soir, nous nous rappelons tous les noms.

– Edmond, ne tuez pas mon fils ! Il a compris que vous étiez la cause des malheurs de son père.

– Les malheurs ? Dites plutôt la punition de Dieu.

– Mais l'histoire du pacha Tebelin ne vous regarde pas !

– Ce n'est pas le traître de Janina que je punis. C'est Fernand le pêcheur qui m'a fait jeter en prison.

– Fernand ? Ce n'est pas possible. C'est moi, la seule coupable, moi, Mercédès, qui n'ai pas su vous attendre.

– Lisez ceci alors.

Et Monte-Cristo montre la lettre que Danglars et Fernand avaient envoyée à Villefort, vingt-trois ans plus tôt.

– Vous êtes sûr que Fernand est coupable ?

– Danglars l'a écrite. Fernand l'a mise à la poste. Fernand, traître à Waterloo, traître en Espagne, traître en Grèce, sera puni seulement pour ce qu'il m'a fait.

– Vengez-vous sur les coupables ! Pas sur mon fils ! Je vous aime encore ! Si vous tuez mon fils, je vous détesterai.

– Vous le voulez ? Albert vivra. C'est moi qui serai tué.

– Non, vous vivrez, car il n'y aura pas de duel.

Le duel

Au bois de Vincennes, le jour vient de se lever. Château-Renaud et Debray, témoins d'Albert, et Maximilien et Emmanuel, le mari de Julie, la sœur de Morrel, regardent les pistolets. Plus loin, Monte-Cristo, en chemise blanche, semble prier.

Enfin, Albert arrive avec dix minutes de retard. Il a les yeux rouges. On voit qu'il n'a pas dormi :

– Je voudrais d'abord parler au comte de Monte-Cristo.

– Seul à seul ?

– Non, mes paroles devront être entendues de tous.

– Drôle de duel, en vérité, dit Château-Renaud à l'oreille de Beauchamp, pendant que Morrel va chercher Monte-Cristo. Albert aurait-il peur ?

– Ne le jugez pas trop vite, répond Beauchamp. Attendons.

Quand ils sont tous réunis, Albert dit d'une voix forte :

– N'oubliez pas ce que je vais dire, vous tous. Même si ces paroles peuvent vous sembler bizarres.

– J'attends, monsieur, dit Monte-Cristo.

– Je voulais vous tuer parce que vous aviez raconté ce qu'avait fait mon père en Grèce. Je sais aujourd'hui que ce n'est pas le crime de Fernand Mondego contre le pacha que vous vouliez venger. Mais celui de Fernand le pêcheur contre vous. Je sais ce que vous avez vécu par sa faute. Oui, vous avez eu raison de vous venger de mon père, et moi, fils du pêcheur Fernand, je vous remercie de n'avoir pas fait plus.

Les yeux de Monte-Cristo se lèvent vers le ciel. Ainsi, Mercédès a tout raconté. Et après avoir sauvé son enfant, elle le sauvait, lui qui était prêt à se laisser tuer.

– Si vous pensez que les excuses que je vous ai faites sont suffisantes, ajoute Albert, donnez-moi votre main.

Monte-Cristo, les larmes aux yeux, lui serre la main et la garde longtemps dans la sienne.

– Et vous, messieurs, dit Albert en se retournant vers les jeunes gens, si vous croyez que j'ai eu peur, je peux vous montrer le contraire tout de suite.

Les « lions », gênés, s'en vont chacun de leur côté. Albert remonte sur son cheval et s'en va.

– Va, brave cœur, dit Monte-Cristo. Tu es bien le fils de Mercédès. Et moi, enfin, je suis sûr d'être l'envoyé de Dieu.

CHAPITRE 7

Fernand et son passé

Albert rentre chez lui. Il range quelques affaires dans une valise. Un domestique entre et dit :

– Votre père veut savoir comment s'est passé le duel.

– Dites-lui que je me suis excusé auprès du comte.

Le domestique va répéter cela à Morcerf. Ce dernier s'habille, appelle sa voiture et part chez Monte-Cristo.

– Monsieur de Morcerf, quel plaisir ! dit Monte-Cristo.

– Vous avez rencontré mon fils, ce matin. Il ne vous a pas tué, vous ne l'avez pas tué. Pourquoi ?

– Eh non ! Il m'a même fait des excuses.

– Mon fils a eu peur de vous ?

– Non, il est même très courageux. Mais vos histoires de famille ne m'intéressent pas.

– Moi, monsieur je veux me battre avec vous. Jusqu'à ce que l'un de nous deux meure.

– Puisque tu le veux, Fernand. Nous n'avons pas besoin de témoins. Nous nous connaissons si bien, tous les deux. Fernand qui a fui juste avant Waterloo, Fernand qui faisait l'espion en Espagne. Fernand qui a tué son maître le pacha Tebelin. Tous ces Fernand, c'est le comte de Morcerf, pair de France.

– Toi qui as cherché dans mon passé, je ne te connais pas, moi. Pourquoi me fais-tu tant de mal ? Qui es-tu ? Je veux ton vrai nom pour le crier en te mettant mon épée dans le ventre.

Monte-Cristo devient blanc. Des flammes sortent de ses yeux. Il va dans une chambre à côté et met des vêtements de marin.

Il revient, les bras croisés sur la poitrine. En le voyant, Morcerf recule, ses jambes tremblent.

– Fernand ! crie Monte-Cristo, te rappelles-tu mon nom, maintenant ? Te rappelles-tu mon visage malgré les années ? Mon visage que tu as dû voir dans tes rêves depuis ton mariage avec la femme que tu m'as volée !

Morcerf recule jusqu'à la porte. Il pousse un grand cri :

– Edmond Dantès !

Il court vers sa voiture et se laisse tomber sur le siège.

– À la maison, à la maison ! dit-t-il au cocher.

Le voilà enfin de retour chez lui. Des pas ! Il se cache. C'est Mercédès et Albert qui passent près de lui sans le voir. Albert porte une valise. Fernand entend la voix de son fils :

– Venez, ma mère, nous ne sommes plus chez nous, ici.

Ils sont partis. Fernand entre dans son bureau. Quelques minutes après, les domestiques entendent un coup de pistolet. Le général Fernand Mondego de Morcerf, comte et pair de France, s'est tiré une balle dans la tête.

Valentine va mourir

Après le duel, Morrel rejoint l'appartement de M. Noirtier. Valentine l'attend, à côté de son grand-père.

– Tout va bien, Maximilien, dit Valentine. Mon grand-père et moi allons partir ce soir à la campagne. Mon père est d'accord. Il pense que le grand air me fera du bien.

– Votre père a raison, je vous trouve un peu fatiguée.

– N'ayez pas peur, mon grand-père me soigne. Il me donne un peu de son médicament. Ça me fait du bien. D'ailleurs nous devons le boire maintenant. Je vais le chercher.

Pendant qu'elle est partie, Morrel demande à Noirtier :

– Quelqu'un cherche à l'empoisonner, n'est-ce pas ? comme M. et Mme de Saint-Méran ? comme Barois ? comme vous ?

– Oui, répondent les yeux du vieillard.

– Et votre médicament est un contrepoison ?

– Oui.

– Il faut appeler la police.

– Non.

Valentine revient avec le médicament et un verre d'eau. Elle le boit. Elle ouvre de grands yeux et dit :

– Oh, j'ai mal. Mon ventre !

Elle tombe comme une feuille morte.

– Valentine, crie Maximilien ! Valentine va mourir.

Les yeux de Noirtier lancent un regard terrible.

– Oui, dit Maximilien, j'ai compris, j'ai compris...

Il appelle le domestique qui a remplacé Barois et court chez le médecin. Puis, toujours en courant, il va chez Monte-Cristo.

– Cet homme est mon ami, pense-t-il, il sauvera Valentine.

Cependant, le médecin arrive. Valentine semble aller un peu mieux. Le médecin la couche, interdit que l'on entre dans sa chambre. Il dit ensuite à M. de Villefort :

– Je me suis trompé. Ce n'est pas Valentine qui empoisonne dans cette maison. Cherchez, monsieur le procureur, cherchez.

– J'avais peur de découvrir que ma fille était un assassin. Maintenant, je sais que ce n'est pas elle. Je trouverai celui qui a fait ça. Et je lui ferai couper la tête.

Pendant ce temps, Morrel est arrivé chez Monte-Cristo.

– Puis-je vous aider ? dit le comte en le voyant.

– Il est arrivé un grand malheur.

– Je connais la nouvelle, Morcerf s'est tué.

– Ah ? je ne savais pas ça. Pauvre Albert !

– Albert est parti de Paris avec sa mère. Mais dites-moi ce qui vous arrive. Je vous aiderai.

– La jeune fille que j'aime va mourir. Quelqu'un dans sa maison veut l'empoisonner, comme ses grands-parents.

À ces mots, Monte-Cristo crie :

– Quoi, vous aimez Valentine de Villefort ! Vous aimez la fille de cette famille ! Non, pas elle ! Dieu frappe les Villefort pour les punir. Éloignez-vous d'eux !

– Non, j'aime Valentine, répond Morrel. Si elle meurt, je mourrai moi aussi. Je mourrai comme Morcerf.

Monte-Cristo se prend la tête dans les mains et s'assied en tournant le dos au jeune homme.

– Mon Dieu, murmure-t-il, vous ne voulez pas que la vengeance se fasse !

Puis il se relève. Son visage est redevenu aussi calme que d'habitude. Il dit d'une voix tranquille :

– Je la sauverai, mon cher Maximilien. Je sauverai votre Valentine. Vous, ne faites plus rien. Attendez, espérez. Rempli de peur, Morrel regarde Monte-Cristo et dit :

– Êtes-vous Dieu ou le Diable ?

Mais Monte-Cristo le regarde avec un sourire si tendre que Morrel sent une larme couler sur sa joue.

– Je peux beaucoup. Laissez-moi seul, maintenant.

Le soir même, l'abbé Busoni loue une maison juste à côté de celle des Villefort. Des ouvriers y font des travaux.

Danglars marie sa fille

On ne s'ennuie pas, à Paris, en ce bel été 1838. Aujourd'hui, Danglars marie sa fille avec un prince italien. Le matin de son mariage, Andréa Cavalcanti, le prince en question, vient rendre une visite à Monte-Cristo.

– Monsieur, je vous demande d'être témoin à mon mariage. Vous m'avez fait découvrir que j'étais riche, vous m'avez présenté à M. Danglars. Vous êtes un père pour moi.

– Mon cher, répond Monte-Cristo, d'abord je ne suis pas votre père. Ensuite, je ne vous ai pas aidé. Busoni m'a demandé de vous recevoir. Mais je ne serai pas votre témoin.

– Vous viendrez quand même à mon mariage ?

– Bien sûr ! Tout Paris y va.

– Mais… mon argent… Lord Wilmore vous a dit que je recevrai trois millions, je crois ?

– Ces trois millions sont en route vers Paris.

– Parfait ! Alors, à ce soir, mon cher ami, à mon mariage.

Nobles, banquiers, hommes politiques, belles dames et beaux messieurs, tous sont présents au moment de la signature du contrat de mariage. Ne manque que Villefort qui travaille sur le dossier du vol de la maison de Monte-Cristo. Soudain, alors que Danglars va signer le contrat, trois policiers entrent.

– Qui s'appelle le prince Cavalcanti ? demande l'un d'eux.

– Que lui voulez-vous ? demande Danglars.

– Je viens l'arrêter. Il s'appelle Benedetto et est accusé de s'être évadé[1] et d'avoir tué un autre prisonnier, Caderousse, qui cambriolait la maison du comte de Monte-Cristo.

Et sous le regard des gens les plus riches de France, Benedetto, faux prince Cavalcanti, sort entre deux policiers.

1 S'évader : partir de prison alors qu'on n'en a pas le droit.

CHAPITRE 7

La chambre de Valentine

Depuis une semaine, Valentine est couchée. Villefort vient la voir, en lui demandant souvent pardon. Enfin, Mme de Villefort vient lui dire bonsoir et lui apporte une carafe d'eau. Mais la nuit, Valentine, restée seule, a la fièvre. Elle croit voir une forme blanche qui s'approche d'elle et lui donne à boire. Quand la forme blanche disparaît, elle croit voir la bibliothèque s'ouvrir et une forme noire en sortir pour prendre la carafe d'eau et la remplacer par une autre.

Cette nuit, Valentine va mieux. Elle a bien vu la forme blanche et a cru reconnaître Mme de Villefort.

« Bon, se dit-elle, ma belle-mère m'apporte à boire tous les soirs. C'était elle, la forme blanche de mes rêves. »

Elle a soif. Elle tend la main vers le verre et la carafe. Elle essaie de se lever pour se verser de l'eau. La bibliothèque glisse contre le mur. La forme noire apparaît.

« Ma fièvre reprend, se dit Valentine. Je crois voir le comte de Monte-Cristo. »

Elle lève le verre. Une main le prend, une voix lui dit :

– Ne buvez pas !

La forme noire vide le verre dans la cheminée et lui en tend un autre :

– Maintenant, buvez !

Valentine obéit. Elle sent qu'elle va mieux. Elle n'a plus de fièvre. Le comte de Monte-Cristo est devant elle.

– Je suis venu vous sauver. Maximilien me l'a demandé.

– Maximilien, mon amour ! Il vous a tout dit ?

– Il m'a dit que quelqu'un voulait vous empoisonner. Comme vos grands-parents. Depuis quatre nuits, je vous surveille. Croyez-moi et faites tout ce que je vous dis. Pour Maximilien !

– Oui, pour Maximilien ! Mais qui veut me tuer, pourquoi ?

– Vous allez le savoir bientôt. Je serai caché derrière la bibliothèque. Quelqu'un va venir. Vous ferez comme si vous dormiez. Je reviendrai après.

Et Monte-Cristo disparaît dans la bibliothèque. Quelques minutes après, quelqu'un vient. Derrière ses paupières à demi fermées, Valentine reconnaît Mme de Villefort qui vient vers le lit, remplit le verre vide, pose la main sur le cœur de la jeune fille. Elle dit à voix basse :

– Il bat encore. Quand elle aura bu ceci, ce sera fini.

Elle s'en va. Monte-Cristo revient.

– Pourquoi Mme de Villefort veut-elle me tuer ? demande Valentine en pleurant.

– Réfléchissez : à qui va l'argent de M. et Mme de Saint-Méran, maintenant qu'ils sont morts ? À vous. À qui ira l'argent de M. Noirtier après sa mort ? À vous. Mme de Villefort n'aime que deux choses dans la vie : son fils Édouard et les poisons. Si vous mourez, tout votre argent ira à votre père. Et quand il mourra, tout sera à Édouard.

– Pourquoi n'a-t-elle pas tué mon grand-père Noirtier ?

– Elle a essayé. Mais les médicaments que prend M. Noirtier le protègent du poison. Alors elle attend encore.

– Oh, je vous en prie, emmenez-moi loin d'ici.

– Non, mon enfant. Où que vous irez, Mme de Villefort vous retrouvera et vous empoisonnera. Elle est folle, folle de son fils, folle d'envie de tuer. Me faites-vous confiance ?

– Oui. Vous êtes l'ami de Maximilien.

– Alors buvez ceci. Vous vous endormirez d'un sommeil profond et vous vous réveillerez dans un autre pays. N'ayez pas peur. Vous serez vivante, et Maximilien viendra vous retrouver.

Valentine boit et s'endort. Monte-Cristo disparaît de nouveau derrière la bibliothèque.

Le procureur et son père

Le lendemain, l'infirmière entre dans la chambre.

– Réveillez-vous, c'est l'heure de votre médicament.

Valentine ne répond pas. L'infirmière lui prend la main. Elle est froide comme la pierre.

– Au secours ! Au secours !

– Comment, au secours ? dit le médecin qui arrive et regarde Valentine : morte ! Quand s'arrêtera l'assassin ?

En entendant ce bruit, Villefort sort de son bureau.

– Que se passe-t-il ?

– Valentine est morte, monsieur, dit le médecin.

– Morte, Valentine ! Malheur sur moi, malheur sur ma maison ! Ma fille est morte !

– Qui a dit que Valentine était morte ?

Maximilien Morrel est à la porte.

– Que faites-vous ici ? demande Villefort.

– Je suis l'homme qu'elle aime. Je suis l'homme qui l'aime plus que tout au monde. Valentine, morte, ah !

En pleurant, Morrel se jette sur le lit. Enfin, il se relève, sort et revient en portant Noirtier dans ses bras.

– Le père doit arrêter de pleurer, dit-il à Villefort. Maintenant, le procureur doit trouver l'assassin.

– Oui, dit le médecin. Ce jeune homme a raison.

– Que faire ? dit Villefort avec des yeux de fou.

– Regardez les yeux de M. Noirtier ! crie Morrel. Vous savez qui est l'assassin de Valentine, monsieur Noirtier ?

– Oui.

– Vous voulez me le dire à moi ?

– Non.

– À M. de Villefort ?

– Oui.

Tout le monde quitte la chambre de la morte sauf Villefort et Noirtier. Un quart d'heure plus tard, Villefort sort. Il peut à peine tenir debout.

– Je sais qui a tué, dit-il. Je punirai cette personne.

CHAPITRE 8

La vérité

Le lendemain après l'enterrement de Valentine, Morrel reste longtemps devant sa tombe, seul. Monte-Cristo s'approche enfin de lui et lui pose la main sur l'épaule :

– Vous avez assez prié. Je vous raccompagne chez vous.

– Laissez-moi. Vous m'aviez promis de sauver Valentine. Vous avez menti. Qui êtes-vous pour m'enlever à ma douleur ?

– Je suis quelqu'un qui vous dit d'espérer encore. Venez !

Chez les Morrel, sa sœur Julie et son mari Emmanuel bavardent avec Monte-Cristo. Maximilien est monté dans sa chambre. Soudain, Monte-Cristo dit :

– Où est Maximilien ? Je ne l'entends plus.

Il court au premier étage. Julie et Emmanuel le suivent. La porte de la chambre est fermée. Monte-Cristo la casse d'un coup d'épaule. Il dit à Maximilien assis derrière son bureau :

– Vous écrivez une lettre ?

– Oui, dit Morrel.

– Pourquoi avez-vous sorti vos pistolets ?

– Laissez-moi tranquille. Je vais rejoindre Valentine.

– Julie, Emmanuel, sortez de cette chambre, dit Monte-Cristo d'une voix calme. Il faut que je parle à votre frère.

– Tu ne mourras pas, Maximilien, dit Monte-Cristo à Morrel dès qu'ils sont seuls. Je ne veux pas que le fils de M. Morrel meure.

– Pourquoi parlez-vous de mon père ? Qui êtes-vous ?

– Qui je suis ? C'est moi qui ai sauvé ton père quand il voulait se tuer comme tu veux te tuer aujourd'hui. C'est moi

qui ai envoyé l'argent à ta sœur. C'est moi qui ai reconstruit le Pharaon. Je suis Edmond Dantès. Je t'ai fait sauter sur mes genoux quand tu étais un enfant, Maximilien Morrel.

Maximilien pousse un grand cri et tombe aux pieds de Monte-Cristo. Il crie :

– Julie ! Viens ! Regarde cet homme, c'est notre Dieu qui est devant nous, c'est celui qui a sauvé notre père !

Il se jette à terre, frappe le plancher de son front. Julie et son mari prennent la main du comte. Et Monte-Cristo, cet homme de fer, baisse la tête et pleure.

– Mais pourquoi ne nous avez-vous jamais rien dit ? demande Julie. Nous aurions été tellement heureux.

– J'avais promis à Dieu de me taire. Mais Maximilien m'a obligé à vous dire la vérité. Dans huit jours, j'aurai quitté ce pays. Les méchants qui vivaient heureux seront tous punis. Et les bons seront sauvés. Laissez-moi avec Maximilien.

– Es-tu redevenu un homme, maintenant ? demande Monte-Cristo quand Julie et son mari sont sortis.

– Oui, car je sens la douleur. Rassurez-vous, je ne me tuerai plus. La douleur le fera à ma place.

– Moi aussi, au fond de ma prison, j'ai voulu mourir. Mais regarde-moi, je suis devenu riche, fort. Maximilien, tu ne me quittes plus. Tu habiteras dans ma maison des Champs-Élysées. Dans huit jours, nous partirons. Et dans un mois, si tu veux encore te tuer, je te donnerai moi-même les pistolets.

– Alors, dans un mois, j'aurai retrouvé Valentine. J'obéis à l'homme qui a sauvé mon père. Mais dans un mois…

Chez le banquier

Après être parti de chez les Morrel, Monte-Cristo se rend chez le baron Danglars.

– Je ne vous ai pas vu à l'enterrement de Valentine, lui dit-il.

Pourtant, tout Paris y était.

– Je dois me cacher un peu après l'histoire de ce Benedetto qui se faisait passer pour le prince Cavalcanti. Ah, les gens de mon âge ont bien des malheurs en ce moment : ce fou de Fernand qui se tue, Villefort qui voit mourir toute sa famille, et moi, victime de ce Benedetto.

– Mais vous êtes très riche.

– Encore un peu, oui. Regardez. J'ai signé ces cinq papiers. Des chèques. Un client vient les chercher. Et à la Banque de France, il recevra cinq millions en billets.

– Cinq papiers, cinq millions ! Drôle de pays ! À propos, mon cher, je pars de France. J'ai dépensé un million chez vous.

– Neuf cent mille francs seulement, mon cher ami.

– J'avais un crédit chez vous de six millions. Eh bien, je prends ces cinq papiers, et le compte est bon. La banque Thomson et French vous enverra l'argent. Les cent mille francs qui restent vous paieront toutes ces opérations.

Et Monte-Cristo met les papiers dans sa poche. Danglars se met à trembler et dit avec difficulté :

– Mais... cet argent est réservé aux hôpitaux de Paris. Leur directeur va venir les chercher tout à l'heure.

– Alors je vous les rends. Et faites m'en cinq autres.

– Non, prenez ! Je trouverai un arrangement avec le directeur des hôpitaux.

– Très bien. Vous pourrez vous faire rembourser dans deux jours par Thomson et French, à Rome.

Un domestique annonce le directeur des hôpitaux. Monte-Cristo se lève et s'en va.

– Bonjour, mon cher, dit Danglars au directeur des hôpitaux. Vous venez chercher l'argent de vos malades ?

– Eh oui, répond le directeur, ils me coûtent cher.

– Peuvent-ils attendre deux jours ? Je viens de donner

cinq millions au comte de Monte-Cristo que vous avez vu sortir. Dix millions le même jour ! Les gens pourraient parler.

– Mais… demain, on vient vérifier mes comptes. Et…

– … Et vous avez emprunté un peu d'argent à vos malades ? Je comprends. Ce n'est pas grave. Demain midi, venez chercher les papiers. Vous aurez vos cinq millions juste à temps.

– À demain midi alors ?

Quand le directeur des hôpitaux est parti, Danglars rit d'un mauvais rire et se dit :

« Demain, je serai loin. À Rome, pour toucher l'argent de Monte-Cristo. Avec cinq millions, je pourrai recommencer ma vie. Bravo, Danglars, tu es bien le plus fort ! »

Danglars fait sa valise, prend l'argent qui reste dans les tiroirs et s'enfuit dans sa voiture sur la route de Rome.

La justice

Depuis la mort de Valentine, Villefort n'est pas sorti de son bureau. Il a travaillé jour et nuit pour le procès de Benedetto qui commence ce matin. Il s'habille de ses vêtements de procureur et se rend chez son père M. Noirtier.

– Mon père, je vous avais demandé trois jours. Je suis prêt. Je vais faire ce que vous avez demandé.

Les yeux de Noirtier se ferment une fois. Villefort va dans le salon de sa femme. Elle lit. Édouard, lui, joue à tirer la queue du chat.

– Voulez-vous que je vienne au procès avec vous, mon ami ?

Villefort ne répond pas. Il dit à Édouard :

– Mon fils, va à côté ! Je dois parler à ta mère.

Comme sa mère ne dit rien, Édouard continue à jouer.

– Dépêchez-vous de sortir, Édouard, crie Villefort.

L'enfant s'en va en courant.

– Ne criez pas après cet enfant, dit Mme de Villefort.

– Où cachez-vous votre poison, madame ?

Les cheveux de Mme de Villefort se dressent sur sa tête.

– Que voulez-vous dire, monsieur ?

– C'est moi qui pose les questions, madame.

– Est-ce le mari qui parle ou le procureur ?

– Le procureur du roi. Où est le poison qui a tué mes beaux-parents, Barois et ma Valentine ? Répondez !

– Comment pouvez-vous croire une chose pareille ?

– Il doit bien rester un peu de ce poison, madame. Buvez-le. Sinon, moi, votre mari, je vous jetterai en prison et je demanderai que l'on vous coupe la tête.

– Je ne comprends pas... monsieur, ayez pitié !

– Vous avez tué quatre personnes. Vous voulez continuer ? Est-ce moi, le prochain ? ou notre fils Édouard ?

Mme de Villefort pousse un cri sauvage :

– Non, pas mon fils adoré. Moi, tuer Édouard ? Pas lui !

– Quand je reviendrai, je veux que tout soit fini, madame. Adieu !

Le procès

En cette belle matinée de septembre, le Tout-Paris court au Palais de justice pour voir le procès de Benedetto, ce voleur, cet assassin qui se faisait passer pour le prince Cavalcanti.

Un huissier crie :

– Messieurs, la cour !

Le silence se fait. Le président du tribunal entre avec les jurés. M. de Villefort arrive à son tour : il semble être la statue de la Justice.

– Faites entrer l'accusé !

Benedetto arrive, toujours aussi élégant et souriant. Le président lui demande :

– Accusé, votre nom ? votre prénom ?

– Je répondrai tout à l'heure à cette question, si vous le permettez. Je vais d'abord vous donner mon âge.

– Faites, dit le président, surpris.

– J'aurai vingt et un ans dans quelques jours : je suis né dans la nuit du 27 au 28 septembre 1817.

En entendant ces dates, M. de Villefort lève la tête et regarde Benedetto.

– Où êtes vous né ? demande le président.

– À Auteuil, près de Paris.

Villefort regarde Benedetto comme si c'était un fantôme.

– Votre métier ?

– J'ai été voleur. Je suis devenu assassin.

Villefort se lève, rouge, comme s'il cherchait de l'air.

– Votre nom, monsieur, dit le président en colère.

– Je ne sais pas mon nom, mais je peux vous dire celui de mon père. Il s'appelle Villefort !

Toute la salle se lève et crie :

– Oh ! Menteur ! Voyou !

Le bruit dure cinq minutes.

– Silence, crie le président. Accusé, il faut que vous apportiez des preuves à ce que vous dites.

– C'est vrai, répond Benedetto, toujours très calme. Voici donc l'histoire de ma naissance. Je suis né au 28 de la rue de la Fontaine, à Auteuil, dans une chambre rouge. Mon père m'emporta dans le jardin pour m'enterrer vivant. Un homme qui voulait se venger de M. de Villefort lui donna un coup de couteau, puis m'emmena chez lui en Corse. Hier, dans ma prison, cet homme est venu me raconter cette histoire.

– Mais qui était votre mère ? demande le président.

– Je ne sais pas. Elle me croit mort. Seul mon père est coupable. C'est sa faute si je suis un voleur et un assassin.

À ce moment, une femme pousse un cri. C'est Mme Danglars. Villefort se lève. Le président crie à Benedetto :

– Des preuves, je veux des preuves !

– Regardez donc la tête de M. de Villefort.

Tous se tournent vers le procureur. Il a l'air d'un fou.

– On me demande des preuves, mon père, dit Benedetto. Voulez-vous que j'en donne ?

– Non, non, murmure Villefort. C'est inutile.

– Monsieur le procureur, dit le président, vous êtes malade ?

– Je suis dans la main de Dieu. Tout ce qu'a dit ce jeune homme est vrai.

Et Villefort s'en va, droit comme la statue de la Justice.

CHAPITRE 9

La folie

Villefort se jette sur le siège de sa voiture. Soudain, il pense à sa femme ! Mme de Villefort est peut-être en train de boire le poison !

– Non, non, il ne faut pas qu'elle meure, crie-t-il. Je suis plus coupable qu'elle. Elle doit vivre pour notre enfant, pour Édouard qu'elle seule sait aimer. Cocher, plus vite !

Il arrive chez lui, se précipite dans le salon où il a laissé Mme de Villefort il y a une heure. Personne ! Il monte dans sa chambre. La porte est fermée. Il frappe. La voix de Mme de Villefort répond :

– Qui est là ?

– C'est moi, madame, ouvrez !

Il casse la porte avec le pied. Elle est debout dans la chambre, un verre à la main.

– J'ai fait ce que vous vouliez, dit-elle faiblement. Et elle tombe, morte. Villefort recule. Il crie :

– Où est mon fils ? Où est Édouard ?

Il le cherche partout dans la maison. Il revient dans la chambre de sa femme. L'enfant est sur le lit. Il dort. Villefort s'approche, lui prend la main. Elle est froide.

– Mort, lui aussi !

Villefort voit un papier sur la table. Il le lit. C'est l'écriture de sa femme : « J'étais une bonne mère. C'est pour mon fils que j'ai tué. Une bonne mère ne part pas sans son fils. »

Villefort pousse un long cri. Il veut pleurer sur une épaule amie. Il se rend chez son père. Mais M. Noirtier n'est pas seul.

L'abbé Busoni est là.

– Que faites-vous là, monsieur l'abbé ? demande Villefort.

– Je viens vous dire que vous avez assez payé. Je vois que le procès vous a tout appris.

– Ce n'est pas la voix de l'abbé Busoni, dit Villefort.

L'abbé enlève ses faux cheveux.

– Monte-Cristo !

– Je ne suis pas Monte-Cristo non plus. Cherchez encore.

– Cette voix ! cette voix !

– Vous l'avez entendue pour la première fois à Marseille, il y a vingt-trois ans, le jour de votre mariage avec Mlle de Saint-Méran. Cherchez !

– Vous êtes l'ennemi inconnu qui me poursuit depuis des mois. Mais pourquoi ? Que vous ai-je fait ?

– Tu m'as enfermé dans le château d'If, tu as fait mourir mon

père, tu m'as enlevé l'amour, tu m'as enlevé la jeunesse, tu m'as enlevé la richesse. Puis Dieu m'a sorti de ma prison, il m'a fait riche pour qu'aujourd'hui tu paies ton crime.

– Ah, je te reconnais, tu es…

– Je suis Edmond Dantès !

– Alors, viens, Edmond Dantès ! dit Villefort en lui prenant le bras, viens.

Ils traversent toute la maison jusqu'à la chambre de Mme de Villefort.

– Regarde, Edmond Dantès ! dit le procureur en lui montrant les deux morts. Es-tu bien vengé ?

Non, cette fois la vengeance est allée trop loin ! Monte-Cristo sent la peur monter en lui. Il prend Édouard dans ses bras et l'emmène. Sauver l'enfant, au moins sauver l'enfant !

– Il emporte mon Édouard ! dit Villefort. Au secours !

Il essaie de suivre Monte-Cristo. Mais il ne peut pas bouger. Il est planté comme un arbre. Sa tête va éclater.

Peu après, Monte-Cristo revient avec l'enfant. Il n'a pas pu le sauver. Il cherche le procureur. Villefort est dans le jardin. Il creuse la terre. Monte-Cristo va vers lui :

– Hélas, monsieur, votre fils…

Villefort ne l'entend plus. Il dit avec une voix d'enfant :

– Non, non, il est quelque part, je le retrouverai, vous dis-je, je le retrouverai.

– Mon Dieu, il est fou !

Et Monte-Cristo s'enfuit en disant :

– Cela suffit. J'en ai trop fait. Sauvons le dernier.

Les adieux

Monte-Cristo et Maximilien Morrel sont arrivés à Marseille. Sur le quai, le capitaine Jacopo les attend.

– Je vais prier sur la tombe de mon père, dit Maximilien.

– Nous nous retrouverons ici.

– Oh ! regardez là-bas, cette femme en noir ! Elle ressemble à Mme de Morcerf.

– C'est elle. Elle salue Albert qui part en Algérie. Je vous laisse, Maximilien, à tout à l'heure.

Monte-Cristo suit Mercédès jusqu'à la petite maison de l'allée des Meilhans. Il monte derrière elle.

– Madame, je suis venu vous faire mes adieux. Ce que je voulais faire à Paris, je l'ai fait. Je quitte la France.

– Hélas, monsieur, mon fils est parti mourir à la guerre.

– Rassurez-vous. Je veille sur lui. Avez-vous assez d'argent pour vivre ?

– Oui, monsieur. Vous... Edmond Dantès m'avait laissé autrefois tout ce qu'il apportait pour notre mariage, à son retour de voyage. Je peux vivre avec cela. Oh, je suis la plus coupable de tous. C'est par peur d'être seule que je me suis mariée avec Fernand. Je vous croyais mort. J'aurais dû mourir, moi aussi.

– J'ai tout pardonné. Car moi aussi, dans ma vengeance, je suis devenu coupable. Adieu, Mercédès.

– Adieu, Edmond.

Monte-Cristo va retrouver Maximilien qui l'attend sur le port.

– Je dois partir pour Rome, lui dit-il. Vous, prenez mon bateau. Le capitaine Jacopo vous emmènera jusqu'à mon île de Monte-Cristo. Attendez-moi. Je vous apporterai le bonheur.

– Si vous ne me l'apportez pas, je me tue.

– À bientôt, Maximilien. À Monte-Cristo !

L'argent de Danglars

Dans sa chambre d'hôtel, à Rome, Danglars vient de prendre un solide repas. Il ne lui reste que quarante mille francs, mais à la banque Thomson et French, cinq millions l'attendent. Il est libre. Tout à l'heure, il sera riche à nouveau.

Une voiture arrive devant la porte de l'hôtel :

– Emmenez-moi à la banque Thomson et French. La voiture part à toute vitesse.

– Moins vite ! crie Danglars.

Le cocher ne répond pas. La voiture sort de la ville.

– Arrêtez, crie Danglars, je veux aller à la banque.

La voiture s'arrête enfin. Il fait nuit. Des hommes arrivent, des armes à la main.

– Bon, se dit Danglars malgré sa peur, ce sont des bandits romains, comme ceux qui avaient pris Albert de Morcerf. Ils lui avaient demandé vingt mille francs. J'en ai quarante mille dans ma poche. Ça suffira.

Les bandits l'enferment dans une pièce sans lumière. La nuit passe. Danglars ne peut pas dormir. Le matin, personne ne vient. Danglars commence à avoir faim. Il frappe à la porte de sa prison. Un homme entre.

– Que voulez-vous, monsieur ?

– Donnez-moi quelque chose à manger.

– Certainement. Voulez-vous un poulet ?

– Un poulet ? Votre prison est un bon restaurant.

– Un poulet ! crie le gardien par la porte.

Un autre bandit arrive, portant un poulet sur un plateau. Danglars se précipite, affamé. Une main l'arrête.

– Ici, monsieur, on paie avant de manger.

– Bien sûr, dit Danglars. Voilà cinquante francs.

– Non, monsieur, ce poulet coûte cent mille francs.

– Cent mille francs ! C'est une plaisanterie ! Je refuse.

Le bandit s'en va avec le poulet.

– Attendez, crie Danglars. Je ne peux vous payer cent mille francs. Je ne les ai pas sur moi.

– Si monsieur. Cinq millions vous attendent à la banque. Faites-moi un chèque de cent mille francs ! J'irai les chercher.

– Mais comment savez-vous que…

– Nous savons beaucoup de choses sur vous, monsieur Danglars. Alors, ce poulet vous intéresse-t-il ?

Danglars comprend que ce n'est pas une plaisanterie. Mais il a trop faim. Il signe le papier et mange le poulet.

– Avez-vous un peu d'eau, s'il vous plaît ? J'ai soif.

– Il faut payer. Cent mille francs.

– Cent mille francs le verre d'eau ? Non, je refuse. La deuxième nuit se passe. Il a soif. La faim revient. Le matin, il n'en peut plus. Il appelle :

– Au secours ! Je meurs !

Le même bandit arrive.

– Donnez-moi de l'eau, donnez-moi du pain, par pitié.

– Vous ne préférez pas une bonne viande et un bon vin ? C'est le même prix. Deux cent mille francs. La vie est de plus en plus chère à Rome.

– Oui, oui, je paierai. Par pitié !

Le vin et la viande arrivent.

– Je veux voir votre chef, dit Danglars, son repas terminé.

– Me voici. Je m'appelle Vampa.

– Libérez-moi et je vous donne tout ce que j'ai.

– Je ne peux pas. Quelqu'un d'important ne le veut pas.

– Je veux voir cette personne !

– Vous la verrez. En attendant, payez, mangez, buvez !

– Mais quand les cinq millions seront épuisés ?

– Eh bien ! vous aurez faim !

Les jours passent. Bientôt, il ne reste plus rien des cinq millions de Thomson et French. La vie est tellement chère à Rome ! Danglars reste couché sur son lit. Quand il dort, il voit dans ses rêves un vieil homme qui, comme lui, a faim et soif. Il se réveille. Son ventre lui fait mal, sa bouche est sèche. Deux jours qu'il n'a rien mangé. Il sort les quarante mille francs qu'il a gardés. D'une voix faible, il demande :

– Appelez moi M. Vampa !

– Me voici.

– Prenez mon dernier argent. Et laissez-moi vivre ici, dans ma prison. Je ne veux plus de ma liberté. Je veux seulement manger et boire.

– Vous souffrez donc ? demande Vampa.

– Oui, je suis malheureux.

– Il y a des hommes qui ont été plus malheureux que vous.

– Impossible ! On ne peut pas souffrir plus que moi.

– Si ! Ceux qui sont morts de faim.

Danglars pense à ce vieillard qu'il a vu en rêve. Il frappe son front sur la terre et pleure.

– Regrettez-vous ce que vous avez fait au moins ? dit une autre voix que celle de Vampa.

Danglars voit un homme enveloppé dans un grand manteau.

– Oui, je regrette, je regrette, dit-il en pleurant.

– Je vous pardonne, dit l'homme en jetant son manteau.

– Le comte de Monte-Cristo !

– Non, pas le comte de Monte-Cristo. Je suis celui que vous avez jeté en prison. Vous avez marché sur moi pour atteindre la richesse. Vous avez fait mourir mon père de faim. Mais je vous pardonne. Car moi aussi, je dois être pardonné. Je suis Edmond Dantès.

Danglars pousse un cri.

– Relevez-vous, Danglars. Vous avez plus de chance que les deux autres : l'un est mort, l'autre est fou. Gardez les quarante mille francs qui vous restent. Moi, j'ai rendu les cinq millions que vous avez volés aux hôpitaux de Paris. Vampa, donne-lui à manger ! Après, laisse-le libre d'aller où il veut.

Monte-Cristo s'en va. Danglars, couché par terre, pleure.

– Pardon, pardon, murmure-t-il.

Enfin, après l'avoir bien nourri, Vampa le laisse en pleine campagne, au milieu de la nuit. Le matin, Danglars se penche sur une rivière pour boire. Il voit son visage dans l'eau : ses cheveux sont devenus blancs.

Attendre et espérer

Le 5 octobre 1838, Maximilien Morrel pose le pied sur l'île de Monte-Cristo. Le comte de Monte-Cristo apparaît. Il semble sortir du fond de la terre.

– C'est bien, vous êtes à l'heure, Maximilien.

– Oui, je suis à l'heure pour mourir. À minuit, je retrouverai Valentine.

– Vous la retrouverez. Suivez-moi.

Ils vont jusqu'à un rocher. Monte-Cristo appuie sur un bouton. Une porte s'ouvre. Un grand escalier descend jusqu'à une pièce magnifique où des statues portent des fruits rares. Sur une table, des plats sont remplis de nourritures délicieuses.

– Asseyez-vous, dit Monte-Cristo. Voulez-vous toujours mourir ?

– Toujours.

– Mais vous êtes jeune, beau. Vous avez une sœur qui vous aime. Moi aussi je vous aime. Vivez ! La vie est devant vous.

– Vous m'avez promis, comte.

– Vous ne regrettez vraiment rien sur cette terre ?

– Non, rien. Je veux mourir.

– Mangeons et bavardons d'abord.

Trois heures durant, Monte-Cristo essaie de faire revenir Morrel sur sa décision. Mais le jeune homme refuse toujours.

– C'est bien, dit Monte-Cristo. Il est minuit. Mourons.

Il tend à Maximilien une cuillère d'une pâte grise.

– Vous ne souffrirez pas, vous vous endormirez.

– Adieu, mon ami, dit Maximilien en avalant la pâte.

Il veut tendre la main à Monte-Cristo, mais sa main ne bouge pas. Une grande douceur entre dans tout son corps. Il ne sait pas s'il dort ou s'il est éveillé. Une femme entre.

« C'est Valentine », pense Morrel.

Il veut crier : « Valentine ! Valentine ! », mais rien ne sort de sa bouche. Il n'entend pas la voix de Monte-Cristo qui dit :

– Il vous appelle, Valentine. Il croit rêver.

Valentine s'approche de Morrel, lui prend les mains.

– Il sera réveillé dans une heure, dit Monte-Cristo.

– Merci, répond Valentine. Vous nous avez sauvés.

– Oui, remerciez-moi. J'ai besoin qu'on me dise merci.

– Il faut aussi que je dise merci à Haydée qui est restée avec moi tout ce temps. Elle est comme une sœur pour moi.

Haydée vient d'arriver, les deux jeunes filles s'embrassent. Le comte prend Haydée par la main et, comme deux fantômes, ils disparaissent de la pièce.

Valentine est restée seule à côté de Maximilien. Une heure passe. Enfin, Maximilien se réveille, regarde autour de lui.

– Ah ! dit-il, le comte m'a menti, je ne suis pas mort.

– Ami, regarde-moi, dit Valentine, je suis avec toi. Vivante, moi aussi !

Morrel pousse un grand cri de joie.

Quelques heures plus tard, Maximilien et Valentine se promènent sur la plage de l'île. Valentine lui a tout raconté. À Paris, le comte lui avait donné un médicament pour que tout le monde la croie morte. Puis elle s'est réveillée ici, sur l'île de Monte-Cristo. Haydée était à côté d'elle.

– Où est le comte ? demande Maximilien au capitaine Jacopo qui arrive vers lui, une lettre à la main.

– Lisez, monsieur. Il m'a demandé de vous donner ceci.

Mon cher Maximilien, mon fils.

Jacopo vous conduira sur mon autre bateau jusqu'à Livourne. Là-bas, M. Noirtier vous attend pour vous marier. Tout ce qui est ici, ma maison des Champs-Élysées, mon petit château du Havre sont à vous. Priez pour moi de temps en temps. Je me suis cru l'égal de Dieu. J'ai besoin de vos prières. Vivez heureux, Maximilien. Vous avez voulu mourir. Vous saurez vite qu'il fait bon vivre. Et n'oubliez jamais ces mots : attendre et espérer.

Votre ami Edmond Dantès, comte de Monte-Cristo.

– Où est le comte ? demande Maximilien à Jacopo.

Jacopo montre la mer. Là-bas, très loin, un bateau s'en va.

– Adieu, mon ami, mon deuxième père, dit Maximilien.

– Adieu Haydée, mon amie, ma sœur, dit Valentine.

– Les reverrons-nous un jour ?

– N'oublie pas les paroles du comte de Monte-Cristo, répond Valentine avec tendresse : attendre et espérer !

Activités

CHAPITRE 1

1 piste 2 → **Écoutez le chapitre. Vrai ou faux ? Cochez la réponse qui convient. Justifiez lorsque vous pensez que c'est faux.**

	Vrai	Faux
1. Pour fêter son retour à Paris, Albert de Morcerf a invité sa famille.	☐	☐
2. Albert a rencontré Maximilien Morrel au Sahara.	☐	☐
3. Les invités ne connaissent pas le comte de Monte-Cristo.	☐	☐
4. Le comte de Monte-Cristo va s'installer dans un appartement des Champs-Élysées.	☐	☐
5. Le comte de Monte-Cristo a racheté les chevaux et la voiture d'Albert de Morcerf.	☐	☐
6. La comtesse de Morcerf tremble de peur quand elle rencontre le comte de Monte-Cristo.	☐	☐

Justification :

....

....

2 **Retrouvez la chronologie de l'aventure qui a permis la rencontre entre Albert de Morcerf et le comte de Monte-Cristo.**

1. Albert de Morcerf se trouvait à Rome avec un ami.
2. Des bandits l'ont emmené dans une voiture.
3. Ensuite, il est sorti danser dans la rue.
4. Le comte de Monte-Cristo lui a offert de l'héberger.
5. Le comte de Monte-Cristo est venu libérer Albert de Morcerf.
6. Le chef des bandits, Vampa, demandait une rançon de 20 000 francs.
7. Albert de Morcerf a dîné avec le comte.

Ordre des phrases : ....

3 Choisissez un mot de chaque colonne et formez des familles de mots.

1. baron	gouvernement	argent
2. procureur	avocat	général
3. banque	déguisement	juge
4. ministre	article	président
5. journaliste	colonel	magazine
6. lieutenant	duc	masque
7. carnaval	guichet	comte

4 Expliquez le sens de la phrase prononcée par Mercédès à la fin du chapitre : « Oui, de chez les morts... »

....

....

....

CHAPITRE 2

1 piste 3 → **Écoutez les deux premières parties du chapitre. Avez-vous bien compris ? Choisissez la réponse qui convient.**

1. Le comte de Monte-Cristo reçoit :
- ☐ **a.** son banquier.
- ☐ **b.** le notaire.
- ☐ **c.** le commissaire de police.

2. Le comte de Monte-Cristo a acheté :
- ☐ **a.** une maison à Auteuil.
- ☐ **b.** un hôtel particulier au centre de Paris.
- ☐ **c.** un château en province.

3. Bertuccio dit que Villefort est responsable de la mort :
- ☐ **a.** de son frère.
- ☐ **b.** de son meilleur ami.
- ☐ **c.** de son père.

4. Bertuccio a surpris Villefort qui enterrait :

☐ **a.** un trésor.
☐ **b.** le cercueil d'un enfant.
☐ **c.** une boîte contenant un bébé vivant.

5. Benedetto est devenu :

☐ **a.** un homme respectable.
☐ **b.** un voleur.
☐ **c.** un riche marchand.

2 piste 3 → **Écoutez la partie « La vendetta ». Corrigez les 7 erreurs dans le résumé du récit de Bertuccio.**

Bertuccio avait un frère plus jeune qui s'était battu dans l'armée de Napoléon et qui a été assassiné par des amis du roi quand Napoléon était sur l'île d'Elbe. Le procureur Villefort a refusé de rechercher les assassins, disant à Bertuccio que le vrai criminel était son frère. Bertuccio a promis de se venger. Il a suivi Villefort à Marseille. Un soir où il avait décidé de parler à Villefort, il a suivi ce dernier dans une propriété et l'a surpris en train de creuser la terre dans la cave de la maison. Il l'a frappé avec une pierre qu'il avait ramassée sur le sol. Il a ouvert la boîte que Villefort voulait enterrer et a découvert un bébé vivant, le bébé de la maîtresse de Villefort. Il a emmené le bébé et l'a confié à une sœur de sa mère qui l'a élevé comme son propre fils.

....

....

3 piste 3 → **Écoutez la partie « À l'opéra ». Qui dit quoi ? Soulignez la réponse qui convient.**

1. « Votre future femme est très belle. »
Château-Renaud – Le comte de Monte-Cristo

2. « Moi, je prefèrerais Vénus. »
Haydée – Albert de Morcerf

3. « Votre Paris est une drôle de ville. »
Ali – Le comte de Monte-Cristo

4. « Comme votre amie grecque est belle ! »
Eugénie Danglars – Morcerf

5. « Vous avez connu le pacha ? »
Château-Renaud – Le comte de Monte-Cristo

6. « Cet homme a vendu mon père aux Turcs. »
Haydée – Ali

4 Mettez les lettres dans l'ordre et retrouvez les mots liés au vocabulaire de la banque.

1. A C I N O T
Part d'une affaire ou d'une entreprise que l'on peut acheter ou vendre en Bourse → une ....

2. A C N O R T T
Texte où des personnes se promettent de faire ou de donner quelque chose → un ....

3. C D E I R T
Argent prêté par un banquier à son client → un ....

4. B E E M O R R R S U
Rendre de l'argent qu'on vous a prêté → ....

5. E E I M N R T V
Transfert d'argent d'un compte à un autre → un ....

6. C E E H Q U
Bon de paiement que l'on remplit pour différentes sommes qui seront prélevées sur le compte bancaire → un ....

5 « Mme de Villefort regarde la bouteille avec intérêt » : pourquoi cet intérêt ? Qu'imagine-t-elle ? Et que pense Monte-Cristo qui « observe ce regard » ?

....

....

....

CHAPITRE 3

1 Classez les mots qui suivent dans le tableau.

les paupières – la silhouette – svelte – boiter – vouté – des cernes – des rides – sautiller – maigrichon – la carrure – courir – costaud – les cils – joufflu – le pas – bouffi

Le visage	Le corps	La démarche
....	....	....
....	....	....
....	....	....

2 piste 4 →Écoutez les parties « Le télégraphe » et « Le prince Cavalcanti » et répondez aux questions.

1. Quel prétexte prend le comte de Monte-Cristo pour visiter le télégraphe ?

   ....

2. Que demande-t-il de faire pour vingt mille francs ?

   ....

3. Danglars se précipite pour vendre ses actions. Quelle somme a-t-il perdue ?

   ....

4. Quelle est la réaction de Mme Danglars en arrivant chez le comte de Monte-Cristo ?

   ....

5. Bertuccio reconnaît d'abord deux personnes parmi les invités du comte ? De qui s'agit-il ?

   ....

6. Qui est en réalité celui que le comte a présenté comme le prince Andrea Cavalcanti ?

   ....

3 Complétez la grille et retrouvez le mot qui se cache verticalement.

opinion – météo – presse – chaînes – radio – infos – écran

1. On l'écoute.
2. Il est dit « petit » quand on parle de la télévision.
3. Elle donne le temps qu'il fera dans les jours qui viennent.
4. C'est l'ensemble des journaux.
5. Elle est influencée par les médias.
6. Le journal télévisé les présentent.
7. Certaines sont cryptées.

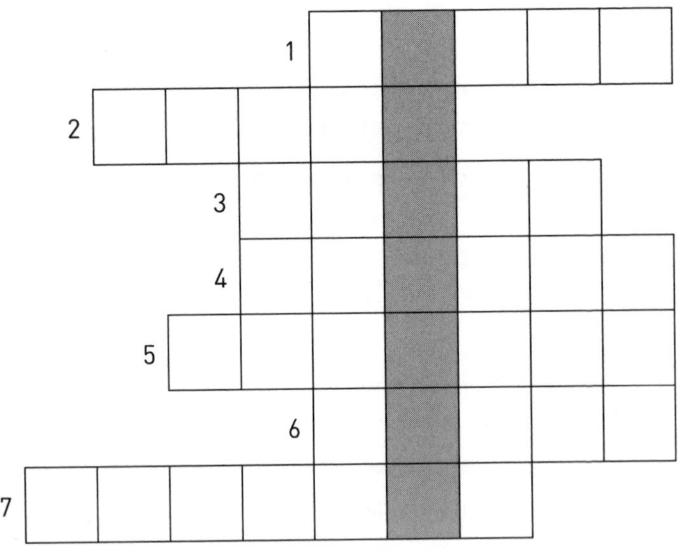

Mot mystère : Elle peut être parabolique. → ....

4 À la fin du chapitre, pourquoi Villefort donne-t-il rendez-vous à Mme Danglars ? Que va-t-il lui dire ? Que vont-ils décider ?

....

....

....

CHAPITRE 4

1 piste 5 →**Écoutez le chapitre. Avez-vous bien compris ? Choisissez la réponse qui convient.**

1. Andrea Cavalcanti est heureux. Il est devenu l'ami :
- ☐ **a.** du procureur Villefort.
- ☐ **b.** du banquier Danglars.
- ☐ **c.** du comte de Monte-Cristo.

2. Andrea Cavalcanti et Caderousse se sont connus :
- ☐ **a.** lors d'un voyage.
- ☐ **b.** dans la rue.
- ☐ **c.** en prison.

3. D'après l'abbé Busoni, Cavalcanti serait :
- ☐ **a.** le frère d'un banquier connu.
- ☐ **b.** le fils de Bertuccio.
- ☐ **c.** le fils d'une famille riche.

4. Danglars questionne le comte de Monte-Cristo sur :
- ☐ **a.** Cavalcanti.
- ☐ **b.** Albert de Morcerf.
- ☐ **c.** l'abbé Busoni.

5. Danglars révèle la véritable identité :
- ☐ **a.** de Villefort.
- ☐ **b.** du comte de Morcerf.
- ☐ **c.** de Caderousse.

6. Villefort fait part de son inquiétude à Mme Danglars.
- ☐ **a.** Il sait que Monte-Cristo ment.
- ☐ **b.** Il a perdu beaucoup d'argent.
- ☐ **c.** Son père est très malade.

7. Villefort révèle à madame Danglars :
- ☐ **a.** que le Corse a tué leur fils.
- ☐ **b.** qu'il a voulu enterrer le bébé vivant.
- ☐ **c.** que leur bébé est mort accidentellement.

2 piste 5 → **Réécoutez la partie « Le prince et le pauvre ». Complétez l'extrait ci-dessous avec le pronom personnel complément qui convient.**

Écoute mon histoire : comme tu ...... sais, un certain Simbad le Marin a réussi à .... faire sortir de prison en payant très cher un de nos gardiens. Quand je ...... ai quitté, c'était pour aller rejoindre ce Simbad à Rome. Là-bas, une lettre de .... attendait chez l'abbé Busoni. Simbad .... demandait d'aller à Paris chez le comte de Monte-Cristo. L'abbé Busoni, ..., ... a appris que j'étais le dernier d'une famille italienne très riche.

3 **Quel sentiment ces mots évoquent-ils ? Associez.**

1. La peur
2. L'amour

- **a.** l'angoisse
- **b.** l'affection
- **c.** la frayeur
- **d.** une appréhension
- **e.** l'amitié
- **f.** l'horreur
- **g.** la panique
- **h.** une attirance
- **i.** la tendresse

4 **Villefort promet à Mme Danglars : « dans huit jours, je saurai ». Que va-t-il entreprendre pour connaître la vérité ? Imaginez ce que vous feriez à sa place. Utilisez des verbes au conditionnel.**

Si j'étais Villefort, je ....

....

....

....

CHAPITRE 5

1 Avez-vous bien compris ? Répondez aux questions.

1. Qui Villefort va-t-il voir et pourquoi ?

....

2. Qu'est-il arrivé à M. et Mme de Saint-Méran ?

....

3. Qui demande à voir le duc de Château-Renaud ?

....

4. Comment est mort le père de Château-Renaud ?

....

5. Quelle information est révélée dans le journal *l'Impartial* ?

....

6. Pourquoi le mariage de Valentine et de Château-Renaud est-il annulé ?

....

7. Qui le médecin soupçonne-t-il d'empoisonner les membres de la famille Villefort ?

....

2 piste 6 →Réécoutez la partie « L'abbé Busoni et « Lord Wilmore ». Qui dit quoi ? Associez.

1. L'abbé Busoni
2. Lord Wilmore

a. « Vous êtes policier ? »
b. « Il m'a volé une femme à Constantinople. »
c. « Il va se ruiner. »
d. « C'est un saint, cet homme-là ! »
e. « Il veut en faire un hôpital pour les fous. »
f. « Il veut faire une station thermale. »
g. « Je lui reprendrai Haydée. »
h. « Il a retourné tout le jardin pour chercher l'eau. »
i. « Le pape l'a fait chevalier du Christ. »

3 Mettez les lettres dans l'ordre et retrouvez les mots.

1. D E L U
Combat pendant lequel deux messieurs s'affrontent et règlent leurs comptes. → un ....

2. I N O O P S
Il a été utilisé pour tuer M. et Mme de Saint-Méran. → le ....

3. E I M N O S T
Personnes nécessaires pour un mariage ou un duel. → les ....

4. A A E G I M R
Celui de Château-Renaud et Valentine a été annulé. → leur ....

5. A E I N O R T
Personne qui prépare les contrats de mariage. → le ....

6. A H I R R T
Faire du mal à quelqu'un qui a confiance en vous. → ....

4 Écrivez des phrases au passé composé à la forme passive.

1. Le comte de Monte-Cristo – faire – chevalier du Christ

   ....

2. M. et Mme de Saint-Méran – empoisonner

   ....

3. Un article – publier – dans *l'Impartial*

   ....

4. Le pacha Tebelin – trahir – son conseiller

   ....

5 Villefort décide de « punir seul ». Pourquoi ne veut-il pas faire appel à la police ? Que pensez-vous de son attitude ?

....

....

....

....

CHAPITRE 6

1 Avez-vous bien compris ? Choisissez la réponse qui convient.

1. Un cambrioleur s'est introduit dans la maison d'Auteuil. Il s'agit :
- ☐ **a.** d'Ali.
- ☐ **b.** de Caderousse.
- ☐ **c.** de Benedetto.

2. Monte-Cristo a été prévenu du cambriolage :
- ☐ **a.** par une lettre anonyme.
- ☐ **b.** en écoutant une conversation dans la rue.
- ☐ **c.** par un messager masqué.

3. Monte-Cristo propose à Albert d'aller :
- ☐ **a.** dans sa maison d'Auteuil.
- ☐ **b.** dans sa maison au bord de la mer.
- ☐ **c.** à l'étranger.

4. Un témoin se présente à la Chambre des pairs pour accuser Morcerf. Il s'agit de :
- ☐ **a.** Danglars.
- ☐ **b.** Haydée.
- ☐ **c.** Monte-Cristo.

2 piste 7 → **Écoutez la partie « Un vol aux Champs-Élysées ». Remettez dans l'ordre le résumé de cette partie.**

1. Un cambrioleur s'introduit dans la maison.
2. Monte-Cristo prend l'apparence de l'abbé Busoni.
3. Monte-Cristo révèle à Caderousse sa véritable identité.
4. L'abbé questionne Caderousse sur Cavalcanti.
5. Benedetto poignarde Caderousse.
6. Caderousse meurt.
7. Monte-Cristo et Ali se cachent dans la maison et attendent.
8. Le comte reconnaît Caderousse.

Ordre des phrases : ....

3 Barrez l'intrus.

1. déguisement – carnaval – réunion
2. cambrioleur – assassin – voleur
3. revolver – couteau – poignard
4. lettre – testament – héritage
5. perruque – écharpe – postiche

4 Relisez la partie « Mercédès et Edmond ». Dans ce face-à-face, quels adjectifs décrivent l'état d'esprit des deux personnages ?

a. Écrivez l'adjectif dérivé du nom.

1. détermination → ....
2. gaieté → ....
3. tristesse → ....
4. désespoir → ....
5. orgueil → ....
6. joie → ....
7. courage → ....
8. gentillesse → ....
9. froideur → ....
10. persévérance → ....

b. Complétez avec les adjectifs qui conviennent.

1. Mercédès est ....
2. Monte-Cristo est ....

5 Dans le chapitre, Monte-Cristo fait deux fois référence à Dieu. D'abord, vis-à-vis de Mercédès, lorsqu'il prétend incarner « la punition de Dieu » puis, à la fin du chapitre. Comment comprenez-vous cette dernière phrase : « Et moi, enfin, je suis sûr d'être l'envoyé de Dieu ». Que dit-elle des sentiments qui agitent le comte de Monte-Cristo ?

....

....

....

CHAPITRE 7

1 piste 8 → **Écoutez la première partie du chapitre. Mettez les phrases du résumé dans l'ordre chronologique.**

1. Morcerf reconnaît Edmond Dantès.
2. Monsieur de Morcerf se rend chez Monte-Cristo.
3. Mercédès et Albert quittent définitivement la maison.
4. Morcerf veut savoir pourquoi Albert et Monte-Cristo ne se sont pas battus.
5. Fernand Montego de Morcerf se tire une balle dans la tête.
6. Monte-Cristo reprend ses habits de marin.
7. Morcerf rentre chez lui à toute vitesse.

Ordre des phrases : ....

2 piste 8 → **Écoutez les parties « Valentine va mourir » et « La chambre de Valentine ». Vrai ou faux ? Cochez la réponse qui convient. Justifiez lorsque vous pensez que c'est faux.**

	Vrai	**Faux**
1. Valentine a décidé de partir à la campagne avec son jeune frère.	☐	☐
2. Quand Valentine tombe par terre, Morrel se précipite chez Monte-Cristo.	☐	☐
3. Le médecin reconnaît qu'il s'est trompé sur l'identité de l'assassin.	☐	☐
4. Monte-Cristo est heureux d'apprendre que Morrel aime Valentine.	☐	☐
5. Monte-Cristo, sous l'identité de l'abbé Busoni, s'installe dans la maison d'Auteuil.	☐	☐
6. Valentine reconnaît Mme de Villefort en la personne qui lui donne à boire.	☐	☐
7. Monte-Cristo a réussi à démasquer Mme de Villefort.	☐	☐
8. C'est pour pouvoir hériter seule que Mme de Villefort a commis tous ses crimes.	☐	☐

Justification : ....

....

3 Complétez les phrases avec l'infinitif passé comme dans l'exemple.

Exemple : *Benedetto : s'évader – tuer un autre prisonnier*
Benedetto est accusé de s'être évadé et d'avoir tué un autre prisonnier.

1. Fernand : fuir avant Waterloo – faire l'espion en Espagne – tuer le pacha Tebelin – se marier avec la fiancée d'un autre
Monte-Cristo accuse Fernand ....

....

2. Valentine : empoisonner les membres de sa famille
Le médecin accuse d'abord Valentine ....

....

3. Mme de Villefort : vouloir supprimer tous les héritiers de son mari.
Monte-Cristo accuse Mme de Villefort ....

....

CHAPITRE 8

1 piste 9 → **Écoutez les trois premières parties du chapitre. Avez-vous bien compris ? Choisissez la réponse qui convient.**

1. Maximilien veut se suicider car :
☐ **a.** il pense que Valentine est morte.
☐ **b.** il a perdu toute sa fortune.
☐ **c.** il apprend que Valentine est partie.

2. Maximilien Morrel accepte d'attendre :
☐ **a.** une semaine.
☐ **b.** un mois.
☐ **c.** un mois et demi.

3. Danglars donne à Monte-Cristo cinq chèques initialement réservés :
☐ **a.** à son ami le comte de Morcef.
☐ **b.** au directeur des Hôpitaux de Paris.
☐ **c.** au directeur d'une prison.

4. Parce qu'il ne peut pas rembourser les cinq millions de francs, Danglars décide de partir :

☐ **a.** en Grèce.
☐ **b.** à Marseille.
☐ **c.** à Rome.

5. Villefort demande à sa femme :

☐ **a.** de se dénoncer à la police.
☐ **b.** de s'empoisonner.
☐ **c.** d'avouer ses crimes dans une lettre au juge

2 Écoutez la partie « Le procès ». Qui dit quoi ? Associez.

1. un huissier
2. Le président du tribunal
3. Villefort
4. l'accusé
5. la foule

a. « Je vais d'abord vous donner mon âge. »
b. « Je suis devenu assassin. »
c. « Messieurs, la cour ! »
d. « Je suis dans la main de Dieu. »
e. « Menteur ! Voyou ! »
f. « Votre nom ? votre prénom ? »
g. « Seul mon père est coupable. »
h. « Où êtes-vous né ? »
i. « Tout ce qu'a dit ce jeune homme est vrai. »
j. « Il faut que vous apportiez des preuves.»
k. « Je veux des preuves. »
l. « Qui était votre mère ? »

1	2	3	4	5
....	....	....	....	....

3 Aujourd'hui, Benedetto serait jugé en cour d'assises. Choisissez le mot qui convient et complétez cette brève présentation du fonctionnement de la cour d'assises.

avocat général – huis clos – juges – peine – accusée – délibérer – victimes – jurés – greffier – témoins – plaidoiries

La cour d'assises est composée de trois .... professionnels et de six .... : ce sont des citoyens tirés au sort. Devant la cour, le ministère public est représenté par l'.............................. : il défend les intérêts de la société et demande l'application de la loi. Il propose une .... (ou l'acquittement) au nom de l'État. La personne .... est obligatoirement assistée par un ou plusieurs avocats.

Le .... assiste la cour, note le déroulement des débats et authentifie la décision.

L'audience est généralement publique. Cependant, sous certaines conditions, elle peut se dérouler à .... (seuls l'accusé et les .... sont autorisés à assister aux débats).

Le président interroge l'accusé, puis procède à des auditions : les .... et les experts, puis les victimes.

Les débats se terminent par les .... des avocats.

Ensuite, la cour et le jurés se retirent pour ....

CHAPITRE 9

1 piste 10 → **Écoutez les deux premières parties du chapitre et répondez aux questions.**

1. Pour quelle raison Mme de Villefort a-t-elle tué son fils Édouard ?

   ....

2. Que ressent Monte-Cristo à la vue du corps d'Édouard ?

   ....

3. Où Albert de Morcerf part-il ?

   ....

4. Avec quel argent Mercédès va-t-elle vivre ?

   ....

5. Où Jacopo va-t-il conduire Maximilien Morrel ?

   ....

2 piste 10 → **Écoutez la partie « L'argent de Danglars » et corrigez les six erreurs du résumé.**

À Rome, Danglars demande au cocher de le conduire chez Monte-Cristo. Des bandits l'enlèvent et l'enferment dans un souterrain. Il a faim, il demande un poulet. On lui en porte un qu'il doit payer cinq mille francs. Comme il a très soif, il demande un verre d'eau qui coûte le même prix. La même scène se répète jusqu'à ce qu'il n'ait plus d'argent. Les jours passent, Danglars a très faim. Il a même des visions : il voit en rêve une vieille femme qui meurt de faim, comme lui. À la fin, le comte de Monte-Cristo vient le voir et lui rend la liberté ainsi que cinquante mille francs. Danglars part dans la campagne. Il voit son visage dans l'eau : il a perdu tous ses cheveux.

....

....

....

3 « Attendre et espérer » sont les derniers mots que Monte-Cristo adresse à Maximilien dans la lettre qu'il lui a écrite. À votre avis, pourquoi lui donne-t-il ce conseil ? Qu'en pensez-vous ?

....

....

....

....

....

4 À la fin du roman, Monte-Cristo a accompli sa vengeance et part avec Haydée. Quelle va être sa vie dorénavant ? Imaginez une suite au roman.

....

....

....

....

....

FICHE 1 DES ÉLÉMENTS HISTORIQUES

Traversée par d'importants bouleversements depuis la Révolution française de 1789, la France connaît pendant la première moitié du XIXe siècle de fréquents changements de régimes politiques. Au début du tome I, Napoléon est prisonnier sur l'île d'Elbe puis il revient au pouvoir durant une courte période connue sous le nom des Cent-Jours et est définitivement vaincu à Waterloo en 1815. Le roi Louis XVIII reprend le pouvoir puis il est remplacé par Charles X en 1824 qui sera lui-même renversé en 1830.

Le récit de la deuxième partie du *Comte de Monte-Cristo* commence en 1838. Louis-Philippe est alors roi de France depuis huit ans. Deux chambres permettent d'établir les lois : la Chambre des pairs où siègent trois cents personnes nommées par le roi (dont fait partie le comte de Morcerf dans le roman) et la Chambre des députés élus par les Français.

L'industrie se développe et les premiers chemins de fer voient le jour.
L'arrivée de la locomotive à vapeur va faire basculer Paris dans le modernisme. L'argent devient un véritable instrument de pouvoir : certains banquiers sont nommés ministres. Appelés les « lions », les jeunes gens des familles riches parisiennes animent des réunions mondaines.

Mais la révolte gronde. Les ouvriers sont de plus en plus pauvres ; ils descendent dans la rue pour protester. En 1838, plus de cent ouvriers sont tués à Lyon lors d'une manifestation. Dix ans plus tard, le roi Louis-Philippe sera destitué. Louis-Napoléon Bonaparte sera élu à la présidence de la République.

1 Ces personnages ont successivement dirigé la France. Retrouvez l'ordre chronologique.

- ☐ **a.** Louis Philippe
- ☐ **b.** Louis XVIII
- ☐ **c.** Louis-Napoléon Bonaparte
- ☐ **d.** Charles X
- ☐ **e.** Napoléon

2 Faites des recherches sur les institutions politiques actuelles de la France. Complétez le tableau.

Types d'élections	On élit qui ?	Durée du mandat ?	Où siège(nt)-t-il(s) ?
Élections présidentielles	le Président	5 ans	L'Élysée
Élections législatives			
Élections sénatoriales			
Élections régionales			
Élections municipales			

3 À l'aide du tableau, faites une présentation des institutions politiques françaises et comparez avec celles de votre pays.

....

....

4 Certains noms de lieux sont souvent utilisés pour parler des institutions françaises. Ce sont généralement les lieux de résidence ou de siège de représentants politiques. Associez.

1. l'Élysée
2. Matignon
3. le quai d'Orsay
4. le palais du Luxembourg
5. le palais Bourbon
6. Bercy

a. le ministère des Affaires étrangères
b. l'Assemblée nationale
c. le ministère de l'Économie
d. la présidence de la République
e. le Sénat
f. le Premier ministre

5 Le XIXe siècle a été un siècle de bouleversements pour la société française. Faites des recherches sur ces transformations et comparez avec la vie dans votre pays à la même époque.

....

....

....

....

FICHE 2 UN NOUVEAU GENRE, LE ROMAN-FEUILLETON

Le Comte de Monte-Cristo est découvert par le public à une époque où certains romans français commencent à devenir populaires grâce à la presse. Ces romans, dont les chapitres sont publiés jour après jour dans un journal, sont appelés « romans-feuilletons ».

Publiées entre 1844 et 1846 dans le *Journal des débats*, les aventures du malheureux Edmond Dantès ne tardent pas à passionner un grand nombre de lecteurs. *Le Comte de Monte-Cristo* se présente comme une peinture cruelle de la société française de l'époque.

La formule du feuilleton permet au roman populaire d'être identifié comme un genre qui se définit par des caractéristiques communes :

- un caractère dramatique avec de l'action, de l'émotion, des rebondissements, des coups de théâtre ;
- une histoire complexe avec un héros défenseur du Bien et luttant contre le Mal ;
- un contexte historique et social réaliste, c'est pourquoi l'Histoire de France est largement utilisée, comme dans la plupart des romans d'Alexandre Dumas ;
- une première publication sous forme de feuilleton dans les journaux, suivie d'une publication intégrale bon marché.

1 Retrouvez les noms des personnages du roman et découvrez le nom que l'on donne à une division d'un roman-feuilleton.

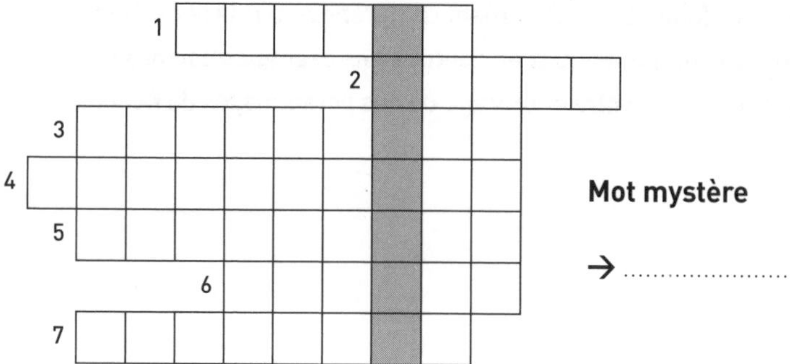

1. C'est le héros du roman.
2. Il a été assassiné par Fernand.
3. Elle retrouve Maximilien à la fin.
4. Il a été poignardé par Benedetto.
5. Il devient fou de douleur.
6. C'est la fille du pacha Tebelin.
7. Elle quitte son mari avec son fils Albert et s'installe à Marseille.

2 Quelles sont les trois premières caractéristiques d'un roman-feuilleton ? Reprenez le roman et donnez des exemples qui montrent que ces éléments sont respectés par Alexandre Dumas ?

1. ....

....

2. ....

....

3. ....

....

3 Associez les écrivains et les titres d'œuvres publiées sous forme de feuilletons.

1. Balzac	**a.** *Les Trois Mousquetaires*
2. Alexandre Dumas	**b.** *Le Bossu*
3. Eugène Sue	**c.** *L'Assommoir*
4. Paul Féval	**d.** *Les Mystères de Paris*
5. Émile Zola	**e.** *La Vieille Fille*

4 En parlant d'une personne, on peut dire : « Sa vie est un véritable roman-feuilleton ». Comment comprenez-vous le sens de cette expression ? Expliquez en donnant des exemples parmi les personnes de votre entourage ou des personnages de fiction.

....

....

....

....

....

....

CORRIGÉS

CHAPITRE 1

1 1. Faux - 2. Vrai - 3. Vrai - 4. Faux - 5. Faux - 6. Vrai.

Justification :

1. Albert de Morcerf a invité des amis.
4. Il va s'installer dans la plus belle maison des Champs-Élysées.
5. Il a racheté son équipage à Madame Danglars.

2 **Ordre chronologique :**

1. - 4. - 7. - 3. - 2. - 6. - 5.

3 1. baron, duc, comte - 2. procureur, avocat, juge - 3. banque, guichet, argent - 4. ministre, gouvernement, président - 5. journaliste, article, magazine - 6. lieutenant, colonel, général - 7. carnaval, déguisement, masque

4 Production libre.

CHAPITRE 2

1 1. b - 2. a - 3. a - 4. c - 5. b

2 1. Le frère de Bertuccio était plus âgé que lui.
2. Après la défaite de Waterloo, Napoléon était à Sainte-Hélène.
3. Bertuccio a suivi Villefort à Paris.
4. Ce soir-là, Bertuccio avait décidé de tuer Villefort.
5. Villefort creusait la terre du jardin d'une villa.
6. Bertuccio a frappé Villefort avec un couteau.
7. Bertuccio a confié l'enfant à sa belle-sœur.

3 1. Château-Renaud
2. Albert de Morcerf
3. Le comte de Monte-Cristo
4. Eugénie Danglars
5. Le comte de Monte-Cristo
6. Haydée

4 1. une action
2. un contrat
3. un crédit
4. rembourser
5. un virement
6. un chèque

5 Production libre.

CHAPITRE 3

1 **Le visage** : les paupières - des cernes - des rides - les cils - bouffi - joufflu

Le corps : la silhouette - svelte - voûté - maigrichon - la carrure - costaud

La démarche : boiter - sautiller - courir - le pas.

2 1. Il prétend être étranger et vouloir comprendre le fonctionnement du télégraphe.
2. Le télégraphiste va envoyer une fausse information sur la politique espagnole.
3. Il a perdu plus d'un million de francs.
4. Elle devient toute blanche.
5. Il reconnaît Villefort et son ancienne maîtresse, Mme Danglars.
6. Le prince Cavalcanti est en réalité l'enfant que Bertuccio avait confié à sa belle-sœur, Benedetto, le fils de Villefort et de Mme Danglars.

3 1. Radio
2. Écran
3. Météo
4. Presse
5. Opinion
6. Infos
7. Chaînes

Mot mystère : antenne

4 Production libre.

CHAPITRE 4

1 1. b - 2. c - 3. c - 4. a - 5. b - 6. a - 7. b

2 le, nous, t', lui, m', me, lui, m'.

3 1. a, c, d, f, g - 2. b, e, h, i

4 Production libre.

CHAPITRE 5

1 1. Villefort veut obtenir des renseignements sur le comte de Monte-Cristo : pour cela, il va voir l'abbé Busoni et lord Wilmore.
2. Tous deux viennent de mourir empoisonnés.
3. M. Noirtier veut s'entretenir avec Château-Renaud de toute urgence.
4. Il a été tué par M. Noirtier au cours d'un duel.
5. L'article révèle que le père d'Albert de Morcerf a trahi le pacha Tebelin.
6. Château-Renaud ne peut pas épouser la petite-fille de celui qui a tué son père.
7. Il soupçonne Valentine.

2 1. : a, d, e, i
2. : b, c, f, g, h

3 1. un duel - 2. le poison - 3. les témoins - 4. leur mariage - 5. le notaire - 6. trahir.

4 Le comte de Monte-Cristo a été fait chevalier du Christ.
2. M. et Mme de Saint-Méran ont été empoisonnés.
3. Un article a été publié dans *l'Impartial*.
4. Le pacha Tebelin a été trahi par son conseiller.

5 Production libre.

CHAPITRE 6

1 1. b - 2. a - 3. b - 4. b

2 **Ordre des phrases :**

7, 1, 8, 2, 4, 5, 3, 6

3 1. réunion
2. assassin
3. revolver
4. lettre
5. écharpe

4 **a.** : 1. déterminé - 2. gai - 3. triste - 4. désespéré - 5. orgueilleux - 6. joyeux - 7. courageux - 8. gentil - 9. froid - 10. persévérant

b. 1. Mercédès est triste, désespérée, courageuse.
2. Monte-Cristo est déterminé, froid.
5 Production libre.

CHAPITRE 7

1 **Ordre des phrases :** 2, 4, 6, 1, 7, 3, 5.
2 1. Faux - 2. Vrai - 3. Vrai - 4. Faux - 5. Faux - 6. Vrai - 7. Vrai - 8. Faux
Justification :
1. Il est prévu qu'elle parte avec son grand-père.
4. Il est furieux et se rend compte que sa vengeance peut toucher des êtres qu'il aime.
5. Il s'installe dans une maison juste à côté de celle de Villefort.
8. Elle veut que toute la fortune de Villefort revienne à son fils Édouard.
3 1. Monte-Cristo accuse Fernand d'avoir fui avant Waterloo, d'avoir fait l'espion en Espagne, d'avoir tué le pacha Tebelin, de s'être marié avec la fiancée d'un autre.
2. Le médecin accuse d'abord Valentine d'avoir empoisonné les membres de sa famille.
3. Monte-Cristo accuse Mme de Villefort d'avoir voulu supprimer tous les héritiers de son mari.

CHAPITRE 8

1 1. a - 2. b - 3. b - 4. c - 5. b
2 1. c - 2. f, h, j, k, l - 3. d, i - 4. a, b, g - 5. e
3 juges - jurés - avocat général - peine - accusée - greffier - huis clos - victimes - témoins - plaidoiries - délibérer

CHAPITRE 9

1 1. Elle a écrit : « une bonne mère ne part pas sans son fils ».
2. Il ressent de la peur et essaie de sauver l'enfant.
3. En Algérie.
4. Avec l'argent qu'Edmond Dantès lui avait donné alors qu'il s'apprêtait à se marier avec elle.
5. Sur l'île de Monte-Cristo.
2 1. Danglars demande qu'on le conduise à la banque Thomson et French.
2. Danglars est enfermé dans une pièce sans lumière.
3. Le poulet coûte cent mille francs.
4. Dans ses rêves, Danglars voit un vieil homme.
5. Monte-Cristo fait cadeau à Danglars de quarante mille francs.
6. Ses cheveux sont devenus blancs.
3 Production libre.

FICHE 1

1 **Ordre chronologique :** a. 5 - b. 2 - c. 4 - d. 1 - e. 3
2 **Élections législatives :** On élit les députés pour un mandat de 5 ans. Ils siègent à l'Assemblée nationale.
Élections sénatoriales : On élit les sénateurs pour un mandat de 9 ans. Ils siègent au Sénat.
Élections régionales : On élit les conseillers régionaux (qui à leur tour élisent le Président du Conseil régional) pour un mandat de 6 ans. Ils siègent au Conseil régional.
Élections municipales : On élit les conseillers municipaux (qui à leur tour élisent le maire) pour un mandat de 6 ans. Ils siègent à la mairie.
3 Production libre.
4 1. d - 2. f - 3. a - 4. e - 5. b- 6. c
5 Production libre.

FICHE 2

1 1. Dantès - 2. Pacha - 3. Valentine - 4. Caderousse - 5. Villefort - 6. - Haydée - 7. - Mercédès.
Mot mystère : un épisode
2 Production libre.
3 1. e - 2. a - 3. d - 4. b - 5. c
4 Production libre.